Renate Henge

Bastelspaß mit Luftballons und Pappmaché

frech-verlag

Nur für eine Geburtstagsparty oder ein Faschingsfest sind bunte Luftballons viel zu schade. Mit Papierschnipseln beklebt, lassen sich ihre Formen leicht „verewigen". Ein paar Papierschichten genügen, um solch eine Ballonform so fest und stabil zu machen, daß man daraus die herrlichsten Spielsachen, Raumdekorationen und hübsche Geschenke herstellen kann. Hat man einmal angefangen, mit diesem fast wertlosen Material zu experimentieren, so merkt man schnell, daß außer den altbekannten Sparschweinchen und Laternen vieles möglich ist. Ein paar Papprollen, Äste, wertlose Fundsachen und ein bißchen Modelliermasse genügen, um den Ballons Leben einzuhauchen. Ob Kindergartenkind oder Großmutter – alle die Lust haben, kreativ zu sein, können damit basteln, da die Technik wirklich „kinderleicht" ist.

ISBN 3-7724-1424-9 · Best.-Nr. 1424-9 ·

3. 4. 5. Auflage
Erste Zahl maßgebend

frech-verlag

Jahr: 1995 94 93 92
Letzte Zahl maßgebend

Fotos: Markus Benk · Druck: Frech, Stuttgart-Weilimdorf

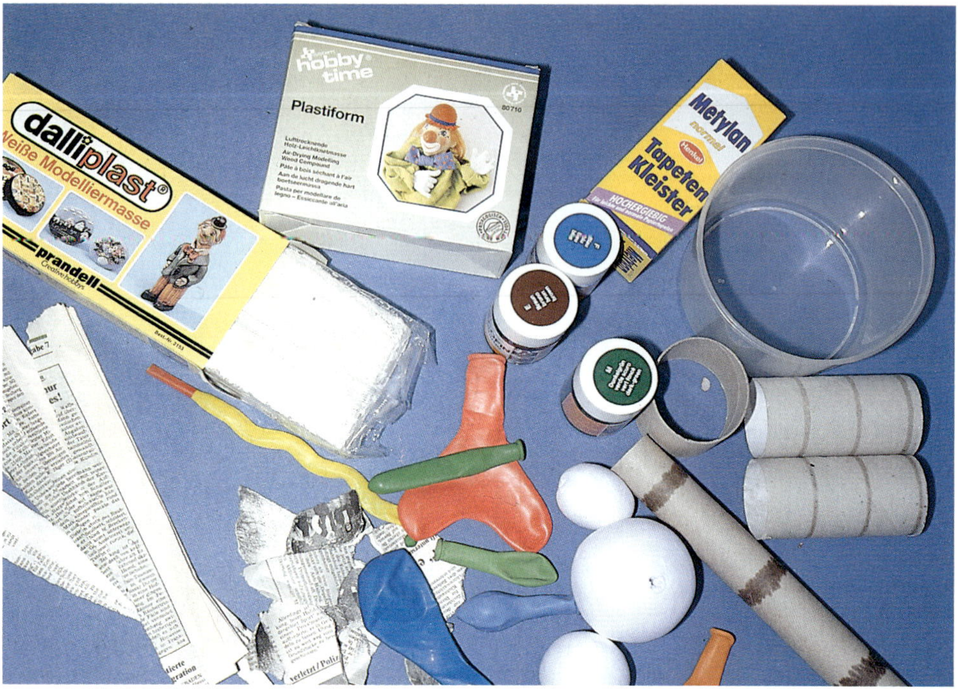

Das Material

Die Materialien für unser Vorhaben sind leicht und preiswert zu beschaffen: Einige Luftballons in verschiedenen Formen und Größen, ein Paket Tapetenkleister und einige Zeitungen oder Kaschierpapier sind schon alles, was wir zum Kaschieren brauchen. Wer durchscheinende Laternen oder Leuchten basteln will, wählt Transparentpapier oder Seidenpapier.

Zum Ausmodellieren der Form kauft man am besten sowohl ein Paket Modelliermasse, die im Wasser angerührt wird, als auch ein gebrauchsfertiges Produkt. Ersteres eignet sich gut zum Verschmieren von Ansatzstellen und zum Glätten der Form, während sich für feine Details wie Zähne, Schnäbel, Hahnenkämme, Hände, Nasen und Ohren usw. Fertigprodukte besser eignen. Verpackungsmaterial, Pappe, Papierrollen, Dosen, Becher, Papp- oder Styroporkugeln und vieles andere kann zusätzlich Verwendung finden und unsere Phantasie anregen. Die Bemalung wird unserer Bastelarbeit ihr endgültiges Aussehen geben. Bastelfarben, in zwei Schichten aufgetragen, leuchten besonders schön.

Preiswertere Dispersions- oder Wandfarben können nur verwendet werden, wenn die Ballonform nicht zerschnitten wird, da sie sich sonst zu sehr verzieht. Mit dem Schulmalkasten (Deckfarben) lassen sich bei kleineren Werken recht brauchbare Ergebnisse erzielen.

Eine abschließende Lackschicht kann aufgemalt oder aufgesprüht werden. Sie schützt die Arbeit vor Schmutz und Beschädigung.

Die Technik

1. Damit der Ballon beim Kaschieren etwas Druck aushalten kann, sollte er „gedoppelt“ werden. Dazu steckt man ein Stäbchen in einen Ballon, rollt ihn eng zusammen und schiebt ihn in einen zweiten, gleichgroßen Ballon hinein. Beim Aufblasen leistet eine Ballonpumpe gute Dienste. Die Form wird ganz mit Luft gefüllt, damit sie nicht mehr nachgibt. Ein sehr fester Knoten verhindert, daß die Luft vor dem Trocknen entweicht.

2. Nun bereitet man einen „Schnipselvorrat“ vor. Zum Kaschieren eignen sich alle saugfähigen Papiere. Etwas mühsam, aber am preiswertesten, ist das Arbeiten mit Zeitungspapier. Man reißt zunächst mehrere Schichten zu Streifen, dann zu Stücken. Ihre Größe richtet sich nach dem Umfang der Ballonform. Es gibt einige Riesenballons bis zu 1,50 m Umfang. Diese können mit handtellergroßen Papierstücken beklebt werden und erfordern somit nicht mehr Arbeitsaufwand als kleinere Ballons. Das macht vor allem jüngeren Kindern einen riesigen Spaß. Längliche Ballons lassen sich gut mit Papierstreifen umwickeln. Das geht besonders schnell. Wichtig ist, daß das Papier faltenfrei aufliegt. Bei kleineren Formen sollten die Schnipsel daher nicht viel größer als ein 5-Mark-Stück sein.

3. Mit dem nach der Gebrauchsanleitung angerührten Tapetenkleister wird nun ein Teil des Ballons dünn und gleichmäßig bestrichen. Als Werkzeuge dienen nur die Finger. Während der Ballon mit einer Hand gehalten wird, nimmt die „Kleisterhand“ einen Schnipsel nach dem anderen von der Arbeitsfläche. Dachziegelförmig überlappend werden sie aufgedrückt und glattgestrichen, bis der Ballon bis zum Knoten hin

gleichmäßig beklebt ist. Diesen lasse ich frei und schließe das Loch erst nach dem Entfernen des Ballons. Nach zwei bis drei Zeitungsschichten läßt man die Arbeit am besten ein bis zwei Tage zwischentrocknen. So wird die Oberfläche später schön glatt. Fünf bis sechs Schichten sind schon nötig, um der Form genügend Festigkeit zu verleihen.

Wer lieber mit über Nacht eingeweichtem Tonpapier oder anderen dickeren Papieren arbeitet, z.B. Kaschierpapier aus dem Dekorationsfachhandel, der erreicht schon nach zwei übereinander aufgetragenen Schichten eine ausreichende Wandstärke.

4. Am Knoten aufgehängt trocknet der kaschierte Ballon am gleichmäßigsten. Wer ihn auf einen Becher oder Eimer stellt, muß ihn gelegentlich drehen.
Soll er später aufgeschnitten werden, z.B. für eine Obstschale, so bekommt er in nassem Zustand noch einen Farbanstrich mit Bastelfarben. Dies verleiht ihm zusätzlich Festigkeit, und er verzieht sich nicht so leicht.

5. Ist die Arbeit ganz trocken und läßt sich nirgends mehr leicht mit den Fingern eindrücken, kann weitergebastelt werden. Soll der Ballon halbiert werden, legt man einen Faden um die dickste Stelle, markiert die Linie und schneidet den Ballon mit einem spitzen Messer oder einer Schere auf. Ränder überklebt man mit Papierschnipseln.

6. Tiere zu gestalten, macht Kindern großen Spaß. Die runden Ballonformen regen besonders dazu an. Je weniger die Grundform verändert wird, um so wirkungsvoller ist meist das Bastelprodukt. Oft jedoch sollen verschiedene Materialien kombiniert werden.

So wird der Boden für Käfer und andere Ziehtiere befestigt.

Die Klebestreifen werden an die Ballonhälfte gedrückt.

Ein Hals wird befestigt.

Damit beim Zusammenkleben der verschieden großen kaschierten Ballonformen nichts verrutscht, heißt es: Alle Teile gut abstützen! Die Ohren sind aus Filz, Mähne und Schwanz aus Wollresten. Ein abschließender Lacküberzug gibt den Riesentieren die nötige Festigkeit. Siehe auch hierzu Abbildung auf Seite 3!

Alle Werkstoffe, die man mit der Ballonform verbindet, z.B. Pappkugeln oder -rollen, müssen haltbar befestigt werden. Die einfachste Möglichkeit ist, in Kleister getränktes, zusammengeknülltes Zeitungspapier um die Ansatzstellen herumzudrücken, und diese mit Papierschnipseln zu überkleben. Glatter und schöner wird die Arbeit mit Modelliermasse. Soll ein Hals oder ein Bein angesetzt werden, so schneidet man eine passende Öffnung in die Ballonform, schiebt eine Pappröhre in den Körper hinein, feuchtet die Ansatzstelle an und drückt etwas Modelliermasse drumherum. Mit einem Messer oder Modellierholz und den angefeuchteten Händen läßt sie sich ganz glattstreichen. Nach dem Trocknen kann man kleine Unebenheiten noch mit Schleifpapier glattschmirgeln.

Böden aus Pappe werden mit eingekleisterten Papierstücken angeklebt. Soll eine Form schlanker gemacht werden, z.B. für den Fisch oder den Zeppelin, so schneidet man sie längs auf, schiebt die Kanten übereinander und klebt sie wieder zusammen. Mit etwas Modelliermasse werden zum Schluß die Unebenheiten geglättet.

Größere Teile, wie Rüssel, Ohren, Hörner und Schwänze, formt man am besten aus gebrauchsfertiger Modelliermasse. Den nötigen Halt bekommen sie durch eingebettete Drähte oder Hölzchen.
Ist eine Form kopflastig und hat nicht genug Standfestigkeit, so hilft meist ein Gegengewicht aus Modelliermasse oder Holz. Auch ein gegossener Sockel schafft Abhilfe.

Fliegenpilze

Die Fliegenpilze lassen sich auch in kleine „Safes“ verwandeln, in denen sich allerlei Schätze unterbringen lassen, z.B. Spielsteine, Knöpfe, Nadeln oder gesammelte Fundstücke.

Material

Kaschierte runde Ballons, Pappröhren mit unterschiedlichem Durchmesser, Modelliermasse und für die „Safes“ gebrauchsfertige Modelliermasse.

Zuerst wird eine runde Ballonform halbiert. Man bindet dazu einen Faden um die dickste Stelle oder legt eine Schlaufe, mit deren Hilfe ein Bleistift geführt wird, um den Knoten. Am leichtesten jedoch läßt sich die Schnittlinie markieren, wenn man den Ballon in ein passendes Gefäß setzt.
Der Stiel – eine leere Pappröhre, z.B. von einer Haushaltsfolie – hält am besten, wenn man ihn mit Modelliermasse im Hut befestigt. Dazu müssen die Verbindungsstellen vorher angefeuchtet werden.
Soll der Pilz eine Einpflanzung zieren, steckt man einen etwas längeren Haltestab in die Stielöffnung.
Der Fuß für einen „Safe“ besteht aus zwei verschieden großen Pappröhrchen, die sich ineinanderschieben lassen. Das kürzere Teil mit größerem Durchmesser wird im Hut befestigt. Das längere bekommt einen stabilen Boden aus gebrauchsfertiger Modelliermasse. Hier ist das Anfeuchten der Teile besonders wichtig.

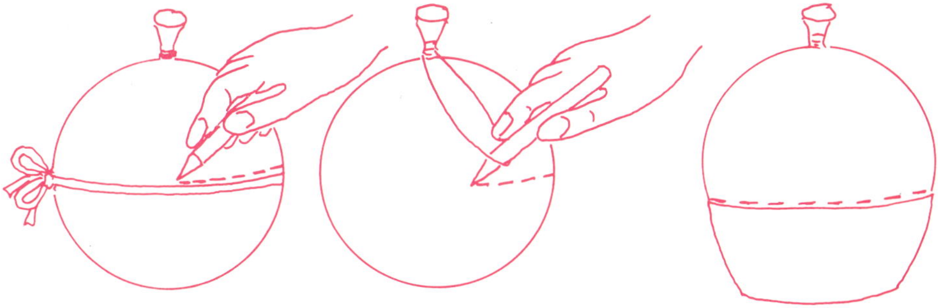

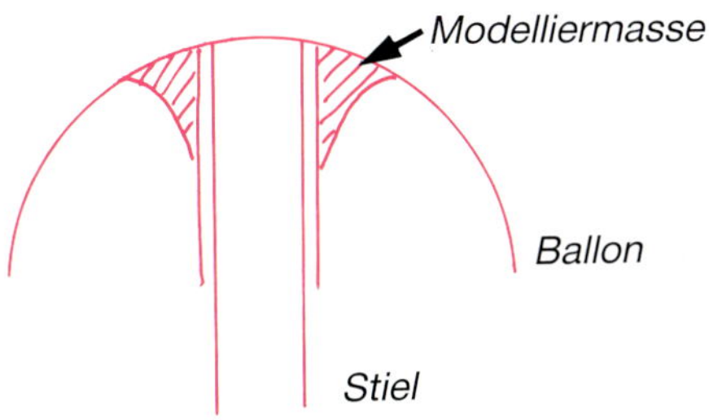
Modelliermasse
Ballon
Stiel

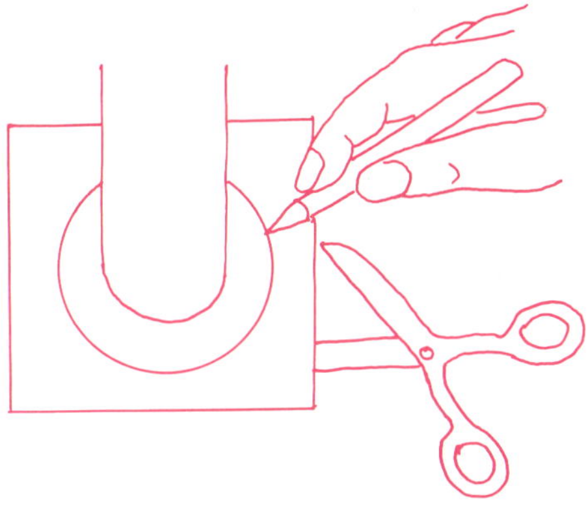

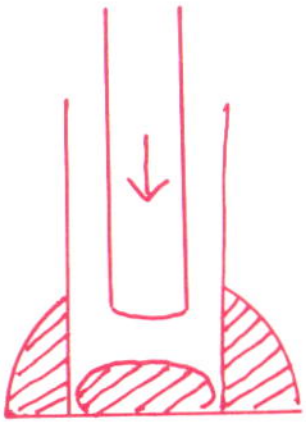

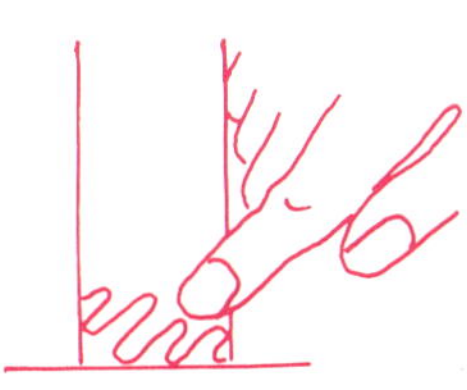

Marienkäfer

Vier Stunden Bastelspaß hatten Erstklässler an der lustigen „Käferinvasion". Ob ein solches Tierchen wohl Glück bringt? Als Tier zum Ziehen wird es aber sicher lange Freude bereiten.

Material

Eine halbierte runde Ballonform, Tapetenkleister, Zeitungspapier, drei Holzspieße, sechs Pappkugeln, Bastelfarben und Lack.

So werden die Tierchen gebastelt (siehe Abb. 1-5):
Man schneidet aus Pappe einen Boden in der Größe der halbierten Ballonform aus und klebt ihn mit eingekleisterten Zeitungspapierstreifen fest. Aus gekleistertem Zeitungspapier werden drei Achsen über jeweils einem Bleistift fest aufgerollt. Nach dem Trocknen des Papiers wird der Bleistift durch einen Holzspieß ersetzt und unter den Bauch geklebt. Als Räder dienen Pappkugeln, die vor der Befestigung auf den Spießen bemalt werden.

Wer einen geflügelten Käfer basteln möchte, benötigt noch zwei Viertel einer Pappmaché-Kugel. An den Ansatzstellen werden die Spitzen etwas abgeschnitten. Außerdem braucht man etwas Modelliermasse für den Kopf – hier genügt auch eine geviertelte Pappkugel – und zum Unterfüttern der Flügel, damit sie schön abstehen.

Der Körper und die Flügelunterseiten werden zuerst bemalt, damit man die Flügel beim Trocknen etwas abstützen kann.

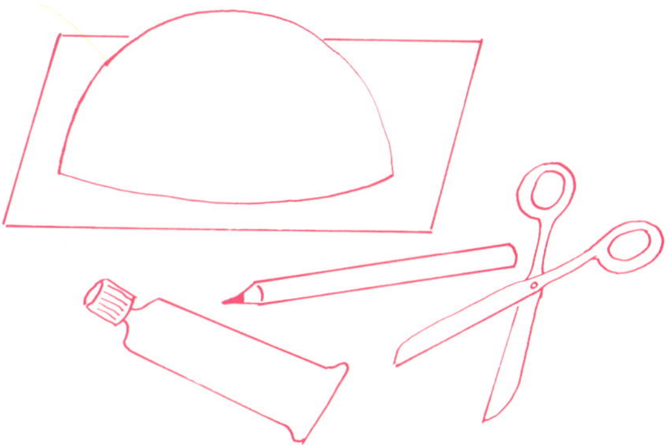

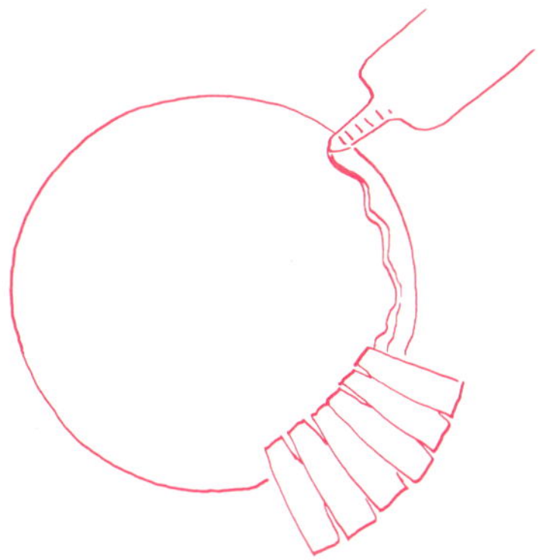

1.

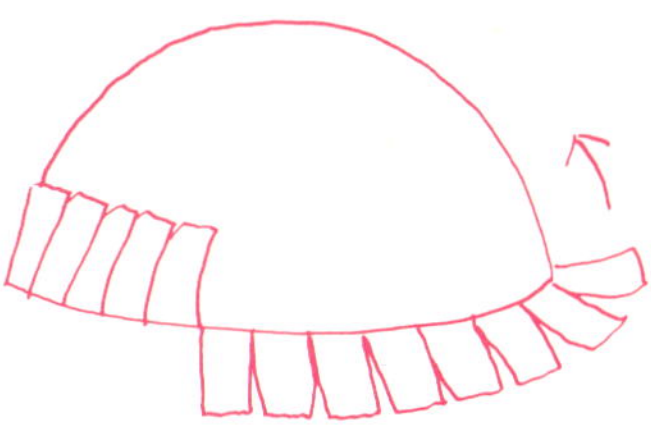

Die Achse

2.

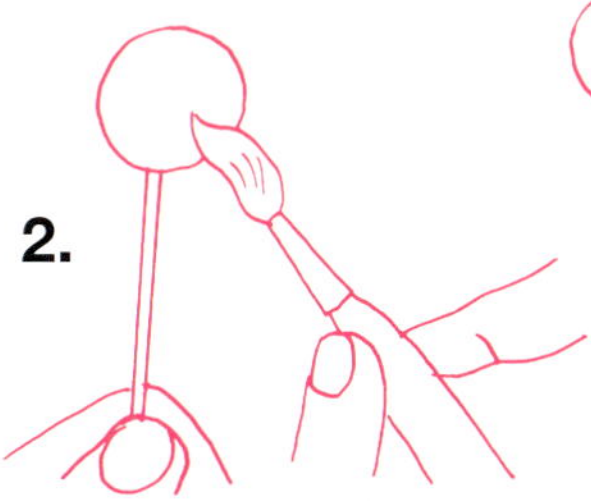

3.

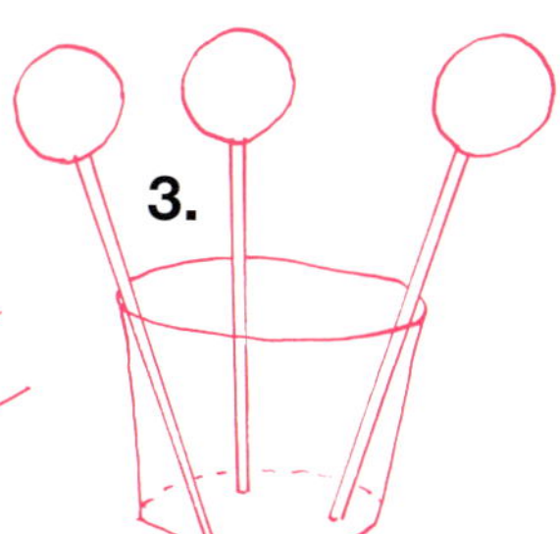

5.

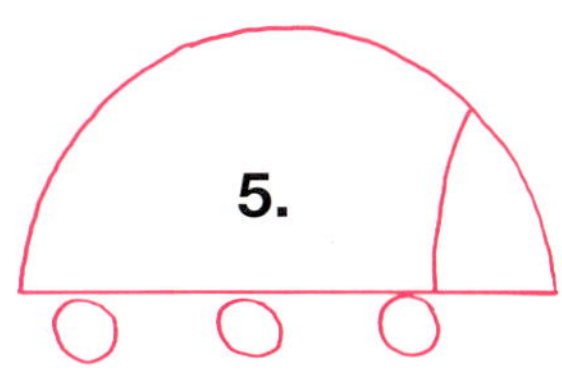

4.

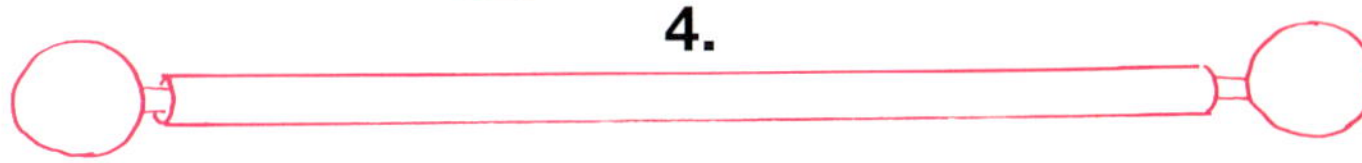

Achse mit Rädern

Muttertagsherz

Material

Einen runden Stab (Durchmesser: 0,8 cm, Länge: 30-40 cm), einen Becher, etwas Keramik-Gießmasse oder gebrauchsfertige Modelliermasse, eine kleine kaschierte Herzballonform, Bastelfarben und Lack.

Der Becher wird zu einem Drittel mit Keramik-Gießmasse gefüllt. Wer Modelliermasse nimmt, braucht etwas mehr, da diese nicht so schwer ist. Der Stab wird darin eingebettet und bis zum Trocknen gut abgestützt. Dann kann man ihn in das Herz einleimen und alles hübsch bemalen und lackieren. Damit die Farbe richtig deckt, den sauberen Becher mindestens zweimal anstreichen.

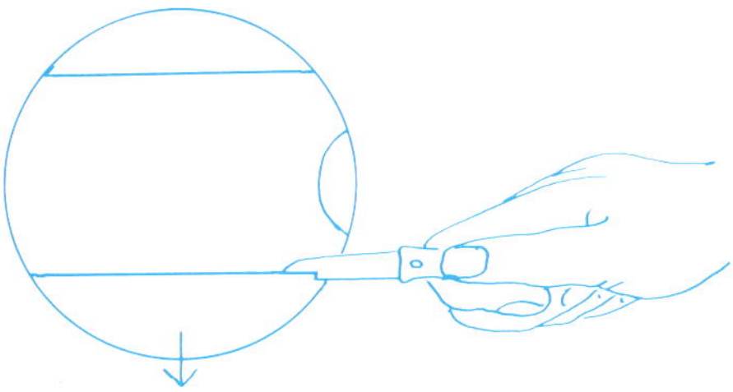

Schwan

Den Schwan kann man mit einem Bauch voller kleiner Überraschungen verschenken. Später läßt sich allerlei Krimskrams darin aufbewahren.

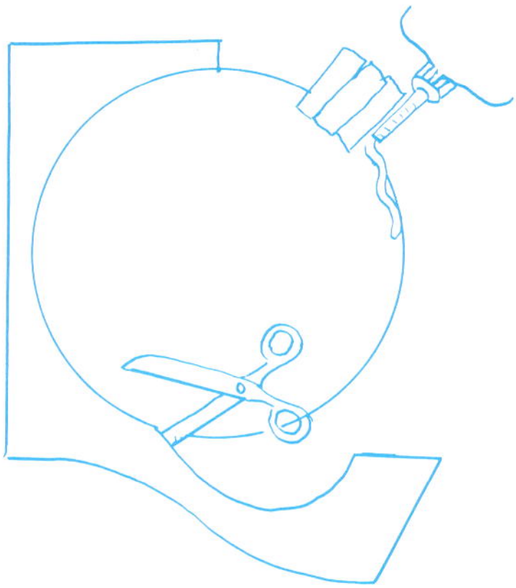

Material

Eine ovale, kaschierte Ballonform, ein Pappei oder eine Pappkugel, etwas Pappe, zwei Toilettenpapierrollen, Modelliermasse, Kleister, Bastelfarben und Lack.

Von der Ballonform werden Deckel und Boden abgeschnitten. Eine runde Öffnung braucht man für den Hals. Unten wird eine Pappscheibe gegengeklebt (siehe „Marienkäfer“!).
Aus dem abgeschnittenen unteren Teil der Form wird, der Skizze entsprechend, der Schwanz geschnitten, den man mit Modelliermasse befestigt.
Für die Halsbiegung drittelt man eine Toilettenpapierrolle, schiebt die Teile schräg ineinander und verbindet sie mit eingekleisterten Zeitungspapierstreifen. Für kleine Schwäne müssen die Rollen etwas dünner gemacht werden. Dazu schneidet man sie längs auf und drückt sie etwas übereinander. Zum Schluß befestigt man die Pappkugel oder das Ei, formt einen Schnabel (er kann auch aus gebrauchsfertiger Masse hergestellt werden) und glättet alles mit Modelliermasse.

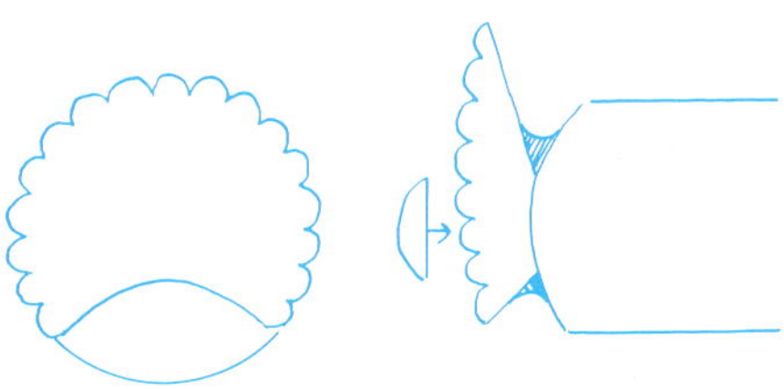

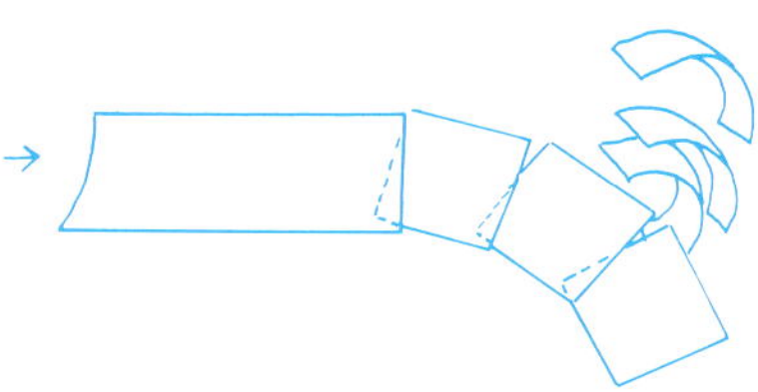

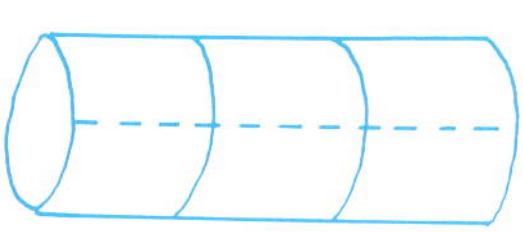

Verengen von Rollen für dünne Hälse.

Tulpe

Abb. siehe Seite 12

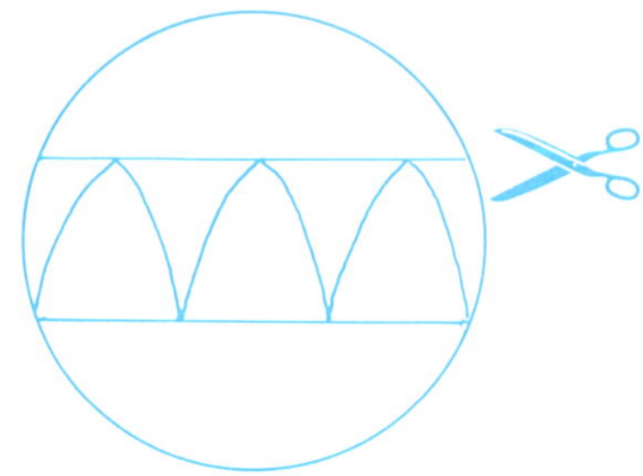

Material

Dieselben Materialien wie beim „Muttertagsherz". Statt des Herzballons eine runde oder längliche, kaschierte Ballonform und etwas Pappe oder Reste von Ballonformen für die Blätter.

Von der Ballonform wird oben etwa ein Drittel abgeschnitten und der Umfang in sechs etwa gleichgroße Stücke unterteilt. Nun kann man die Blütenform zeichnen und ausschneiden. Damit sich der Blütenkelch nicht verzieht, malt man ihn erst innen und dann außen an und stülpt ihn zum Trocknen über ein Gefäß.
Als Staubgefäße werden Wattestäbchen in Modelliermasse gedrückt, bemalt und anschließend in die Blüte geklebt.
Alle anderen Bastelschritte sind dieselben wie beim Muttertagsherz. Zum Schluß wird der Stiel mit Blättern dekoriert. Das Gefäß kann mit Überraschungen aufgefüllt werden.

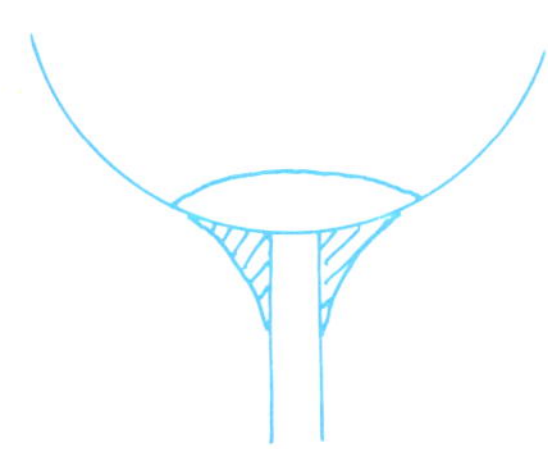

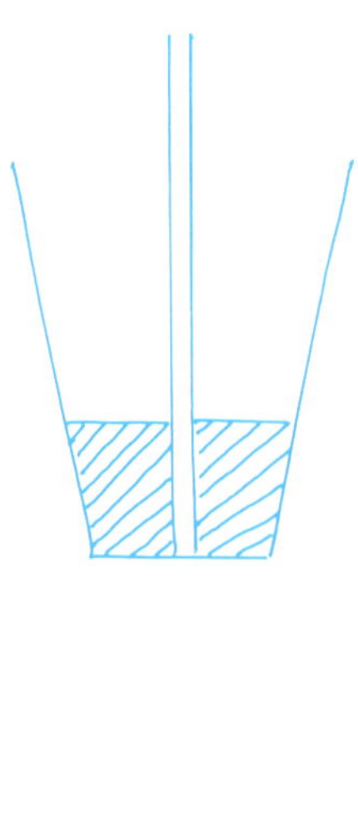

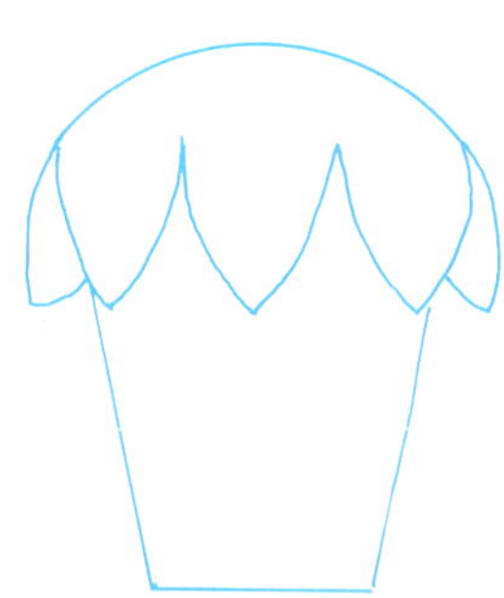

Bananenblatt – Schale

Material

Eine längliche, halbierte Ballonform, gebrauchsfertige Modelliermasse, einige Spießchen, Bastelfarben und Lack.

Die längliche Form wird wie eine Schaufel zurechtgeschnitten. Nach der Farbgrundierung der Innenseite werden die Ränder vorsichtig auseinandergedrückt und mit Holzspießchen in der Form gehalten, bis das Blatt trocken ist. Auf die angefeuchtete Mitte wird eine Wurst aus Modelliermasse gedrückt. Ein überstehendes Stück wird zum Stiel geformt und bis zum Trocknen vorsichtig abgestützt. Sollte die Schale kippen, kann man den Boden mit etwas Modelliermasse plan machen. Bei der Bemalung wird auf die sorgfältige Gestaltung der Blattadern geachtet.

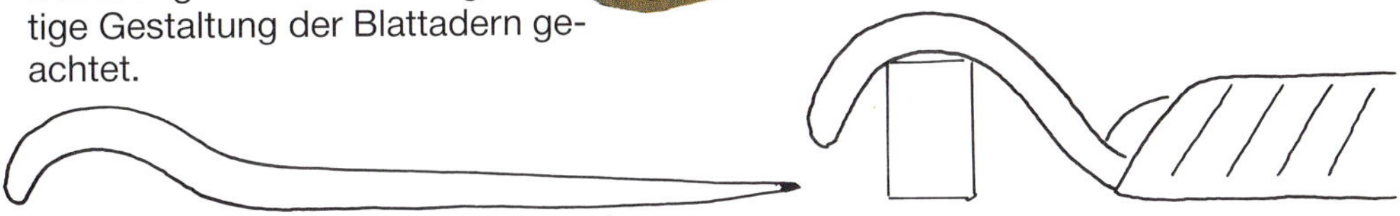

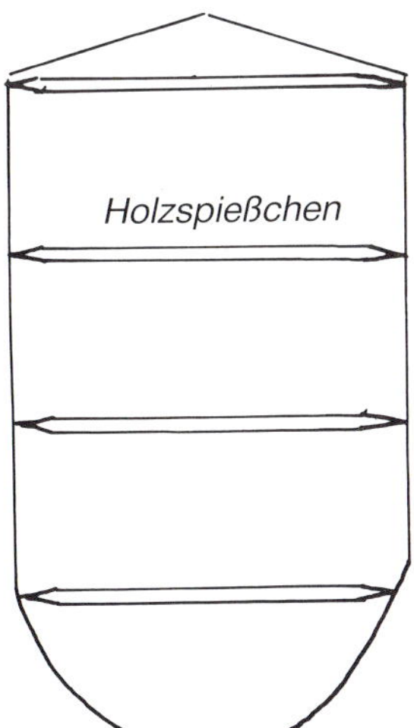

Schüsseln

Die Pappmaché-Schüsseln mit einem Umfang bis zu 160 cm sind dekorative Raumobjekte. Ob mit raffinierten Papieren beklebt oder bemalt – ein solches Geschenk ist ein echtes Unikat!

Riesenschüssel

Abb. siehe Seite 17

Material

Die Hälfte einer runden Riesenballonform, Zeitungspapier, der Boden einer großen Käseschachtel, Modelliermasse, Dispersionsfarbe, Kleister, Bastelfarbe, Tesakrepp-Band, matter oder glänzender Lack.

Nach dem Kaschieren wird die Ballonform, möglichst noch in feuchtem Zustand, mit Dispersionsfarbe bemalt, damit sie genügend Festigkeit bekommt. Die Kanten der aufgeschnittenen Form werden mit Zeitungspapierstreifen umklebt und ein standfester Boden befestigt. Dazu eignet sich z.B. der Deckel einer Käseschachtel, es darf aber auch ein höherer Sockel, z.B. ein Abschnitt einer Waschmitteltonne sein. Mit Modelliermasse läßt sich dieser am besten anbringen. Die Verbindungsstellen werden angefeuchtet, die nach Gebrauchsanleitung angerührte Modelliermasse daraufgedrückt und glattgestrichen und zum Schluß mit den angefeuchteten Händen verrieben. Nun wird die Schüssel außen bemalt. Sobald die Farbe getrocknet ist, teilt man das Innere der Schüssel mit Hilfe eines Kreppklebebandes und bemalt erst eine Hälfte. Für die zweite Hälfte kann man eine weitere Farbe wählen, um das Innere aufzulockern.

Fisch-Schüssel

Von einem kaschierten Riesenballon zunächst etwa ein Drittel abschneiden, dann eine ovale Form herausarbeiten. Die Schnittkanten mit Papierstreifen überkleben. Aus Modelliermasse eine Wurst rollen, diese zu einem länglichen Ring formen und am Boden sorgfältig andrücken.
Die Schüssel außen und innen grundieren, dann ein Schuppen- und Phantasiemuster aufmalen.

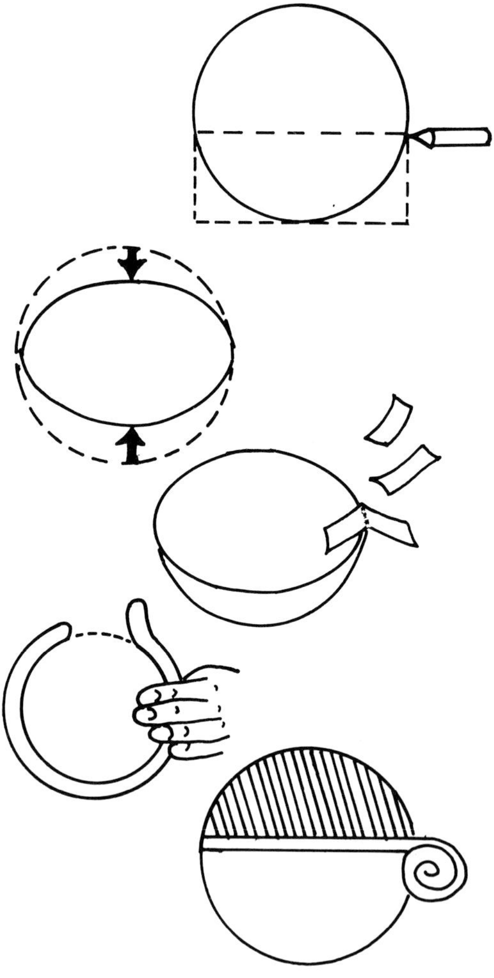

Nützliche Geschenke

Quaki – der Tischmülleimer

Auf einem lustig gedeckten Tisch sollte Quaki nicht fehlen. Sein Appetit auf Abfall ist unersättlich. Selbst jüngere Kinder können ihn schon basteln.

Material

Eine kleine runde Ballonform, gebrauchsfertige Modelliermasse, zwei Pappkugeln, Pappreste, eine leere Kaffee- oder Gewürzdose, Kleber, Bastelfarben und Lack.

Von einer runden Ballonform wird der Boden abgeschnitten. Das Maul des Frosches wird mit einem spitzen Messer aufgeschnitten. Damit der Kopf in der Dose Halt hat, rollt man eine Wurst aus Modelliermasse und drückt sie gegen den angefeuchteten Rand der Ballonform. Zum Schluß werden die Augen aufgeklebt. Sie halten besser, wenn man sie mit Stecknadeln fixiert. Nun braucht Quaki nur noch Füße aus Pappe und eine hübsche Bemalung.

Quaki, der Tischmülleimer

So wird er hergestellt,
siehe Zeichnungen unten!

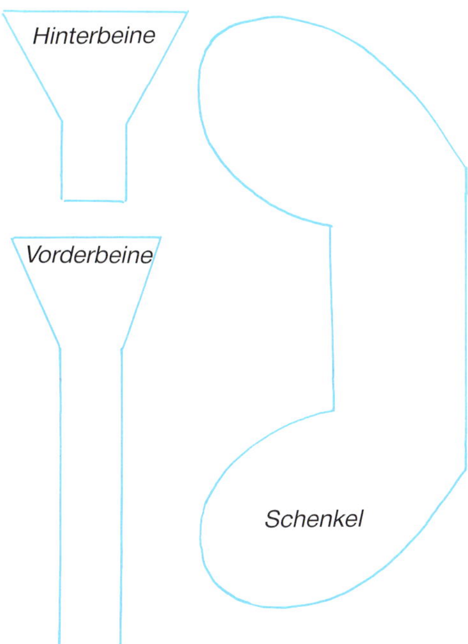

Seerose – ein Kerzenständer

Als Kerzenständer werden die Staubgefäße weggelassen und stattdessen wird eine Kerze eingeklebt.

Material

Je eine halbierte runde und eine längliche Ballonform, ein Stück Pappe (20 × 20 cm), Kleber, Bastelfarben und Lack.

Die beiden Kelche der Seerose werden aus den beiden Ballonformen nach der Anleitung „Tulpe“ (Seite 14) gebastelt. Hier wurden die Staubgefäße aus gebrauchsfertiger Modelliermasse geformt und auf Spießchen gesteckt. Das Seerosenblatt entsteht aus bemalter Pappe.

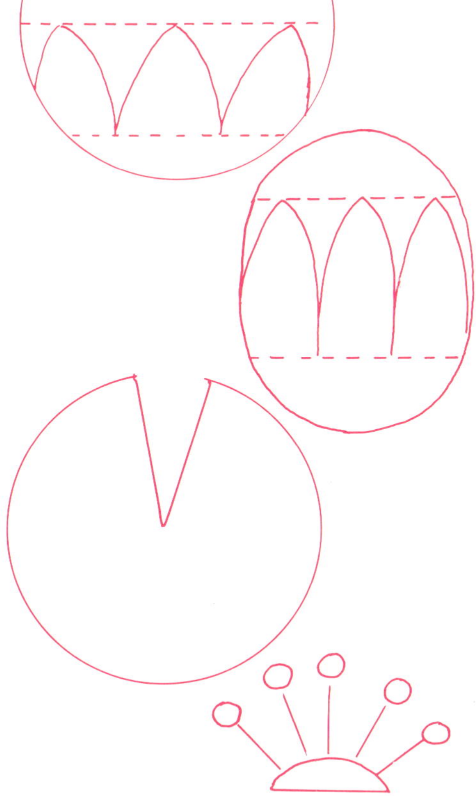

Erni und Bert

Erni und Bert, die beliebten Sesamstraßen-Figuren, werden gewiß gut auf kleine Schätze aufpassen. Solch eine Dose wäre ein hübsches Geschenk, aber natürlich möchte man sein gebasteltes Werk gern selbst behalten.

Material

Eine runde und eine längliche Ballonform, zwei größere Dosen (hier 15 cm hoch), Pappe, gebrauchsfertige Modelliermasse, Fellreste, Kleber, Bastelfarben und Lack.

Wenn die Köpfe von Erni und Bert kaschiert sind, ist die restliche Bastelarbeit ein Kinderspiel.
3 cm breite Pappstreifen werden zu Ringen geklebt, die als Hälse in die Dosen hineinpassen müssen. Mit etwas Farbe und Geschick werden die Dosen dekoriert, die Gesichter bemalt und beklebt. Wer keine passende Dose hat, kann auch eine breite Pappröhre zurechtschneiden und mit einem Boden unterkleben.

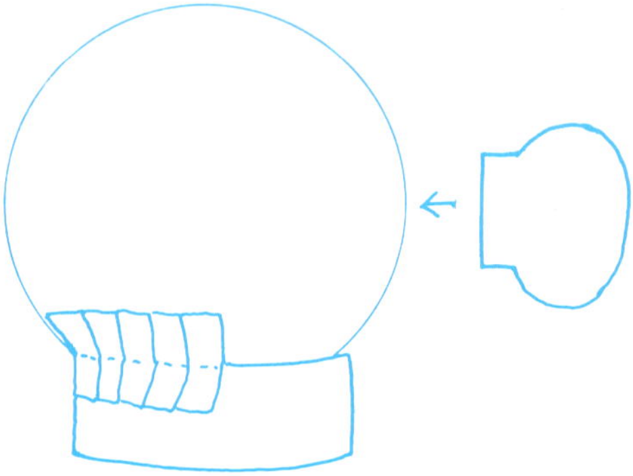

Stielauge – der Fadenspender

Wer Geschenkbändchen liebt, kann für jedes Farbband einen lustigen Fadenspender basteln. Wie wäre es mit einem Wettbasteln zum Kindernachmittag oder im Familienkreis? Wer erfindet wohl das originellste Gesicht?

Material

Eine kleine, halbierte, kaschierte Ballonform, Pappe, zwei Pappkugeln, zwei Federn von Kugelschreiberminen, etwas Modelliermasse, Kleister, Bastelfarben und Lack.

Solch ein Fadenspender besteht wie der „Marienkäfer" aus einer halbierten Ballonform und einem passend zugeschnittenen Boden. Hier wird vor dem Zusammenkleben ein Fenster in die Rückwand geschnitten, damit die Bändchenrollen eingelegt werden können.
Die Stielaugen werden auf die Federn geklebt und mit Modelliermasse am Kopf befestigt (siehe Abb. 1-3).

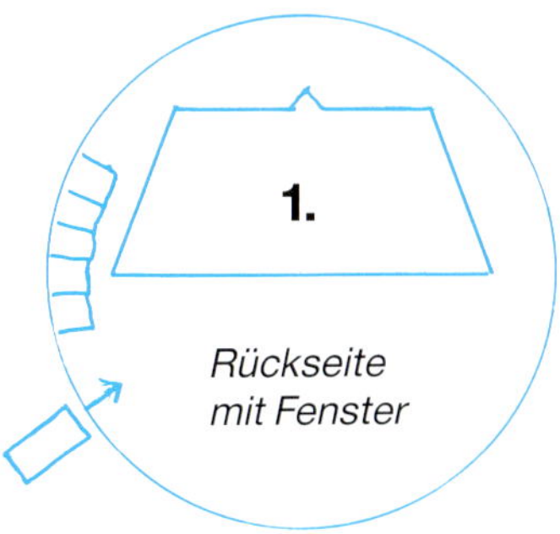
1.
Rückseite
mit Fenster

2.

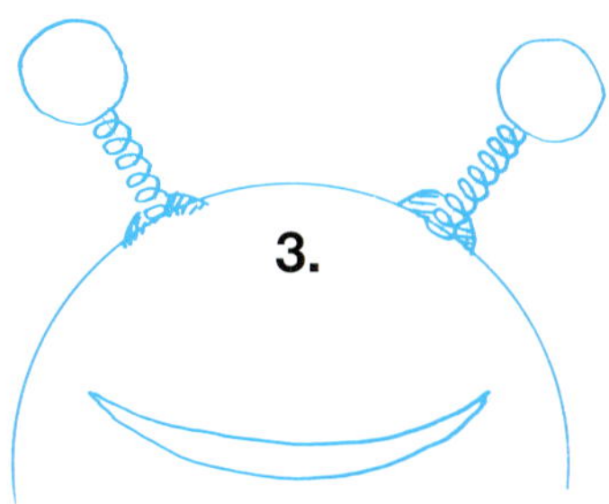
3.

Stehaufmännchen

Als Kind haben mich Stehaufmännchen fasziniert. Heute sind sie wieder „in". Aus Ballonformen sind sie ganz leicht zu basteln.

Material

Eine kleine runde Ballonform, Keramin-Gießmasse, Tonpapier, Geschenkpapier, Pappkugeln, Kleber, viel Glitter und Bastelfarben.

Die kaschierte Ballonform wird zu einem Drittel mit Gießmasse gefüllt. Nach dem Trocknen und Bemalen wird eine Tüte aus Tonpapier aufgeklebt. Dazu drittelt man eine Kreisfläche, hier mit dem Radius von 20 cm, und klebt die geraden Kanten übereinander. Nun kann das Stehaufmännchen mit Geschenkpapier überzogen, mit einem Gesicht beklebt und nach Belieben dekoriert werden. Ob Zwerg, Nikolaus, Fee oder Zauberer, der Phantasie sind keine Grenzen gesetzt!

Abraxas – die Bücherbox

Ordnung im Kinderzimmer schätzen vor allem die Eltern. Lustige Figuren machen das Aufräumen leichter. Sie selbst zu basteln, schafft jedes Kind. Der Rabe soll eine Anregung für eigene Gestaltungen sein.

Material

Ein flacher Waschmittelbehälter, eine längliche Ballonform, Pappe, zwei Pappkugeln (Durchmesser: 4 cm), Kleister, Bastelfarben und Lack.

Eine längliche kaschierte Ballonform wird in der Mitte durchgeschnitten und mit einem Stück Pappe zugeklebt. Mit einem spitzen Messer wird der Schnabel tief eingeschnitten.
Ein Waschmittelbehälter, der etwa die Breite der Ballonform hat, wird oben leicht abgeschrägt und mit Papierstreifen umklebt.
Nun schneidet man in die Papprückwand des Rabenkopfes mit einem spitzen Messer mehrere Zacken, die an dem Waschmittelbehälter mit Zeitungspapierstreifen festgeklebt werden.
Nach dem Aufkleben der Augen kann der Rabe bemalt und lackiert werden.

Ann H. Davidow
Wir zeichn

Saurier und ihre Nachfahren

Sind Saurier ausgestorben? Ich glaube nicht! Zumindest in Klassen- und Kinderzimmern trifft man sie allenthalben; und wenn das Thema „Saurier" auf dem Lehrplan steht, bricht oft ein richtiges Saurierfieber aus. Doch auch beim Basteln anderer Tiere ist die Begeisterung der Kinder immer groß.

Material

Körper: *Verschieden geformte Ballons*

Köpfe: *Kleinere Ballonformen, Pappkugeln oder -eier*

Beine, Hälse: *Pappröhren, Stöcke oder Äste.*

Schwänze: *Zeitungspapiertüten, Modelliermasse oder Filz*

Details: *Zacken – Eierkartons*
Höcker – halbierte Pappkugeln

Ohren, Hörner, Rüssel, Zähne usw.: *gebrauchsfertige Modelliermasse*

Außerdem: *Für Verbindungsstellen Tapetenkleister und Zeitungspapier oder Modelliermasse, Bastelfarben und Lack*

In die getrocknete Ballonform für den Körper werden Löcher für Beine und Hals geschnitten. Die eingeschobenen Pappröhren und die Zeitungspapiertüte für den Schwanz werden mit eingekleisterten Zeitungsstücken befestigt. Glatter werden die Übergänge aber mit Modelliermasse.
Die Kopfform kann man mit Modelliermasse noch verändern. Manche Teile, die mit Zeitungspapierstücken oder Modelliermasse aufgeklebt werden, muß man bis zum Trocknen abstützen.

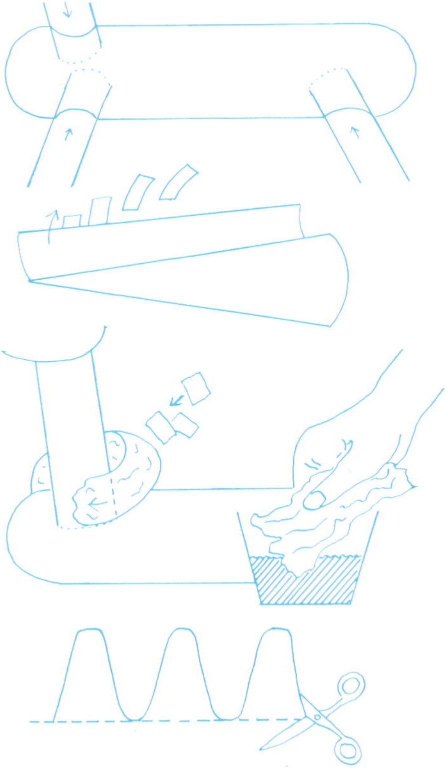

Andere Tiere:

Kamel: *Die Halsbiegung wird beim „Schwan" S. 13 erklärt. Die Beine sind aus dünnen Papierrollen, denen Schenkel und Füße anmodelliert wurden.*

Elefant: *Kopf und Körper bestehen aus einer einzigen ovalen Form. Als Gegengewicht zum Rüssel wird Modelliermasse in die Hinterbeine gefüllt.*

Nilpferd: *Die drollige Kopfform entsteht aus einem kleinen Herzballon.*

Krokodil: *Damit die weit aufgeschnittene Kopfform gut hält, wird in die Körperform eine Öffnung geschnitten. Zähne und Füße sind aus gebrauchsfertiger Modelliermasse.*

Hubschrauber

Material

Eine längliche Ballonform, Pappe, Zeitungspapier, eine Streichholzschachtel, fünf Spießchen, Modelliermasse, Kleber, Bastelfarben und Lack.

Dem Hubschrauber ist kaum anzusehen, daß in ihm ein Ballon versteckt ist. Das Heckteil wird aus Pappe zugeschnitten und in die Ballonform eingeklebt. Vier Löcher bohrt man für die Stützen, an denen die Kufen festgemacht sind. Für die Stützen Zeitungspapier zusammenrollen (siehe „Marienkäfer“). Die Turbine aus einer Streichholzschachtel wird in Modelliermasse eingebettet. In ihr findet ein Spießchen Halt, das die vier Rotorblätter trägt. Sie sind aus Pappe und werden von Spießchen gestützt. Man drückt sie in eine Halbkugel aus gebrauchsfertiger Modelliermasse, die man umgedreht trocknen läßt.

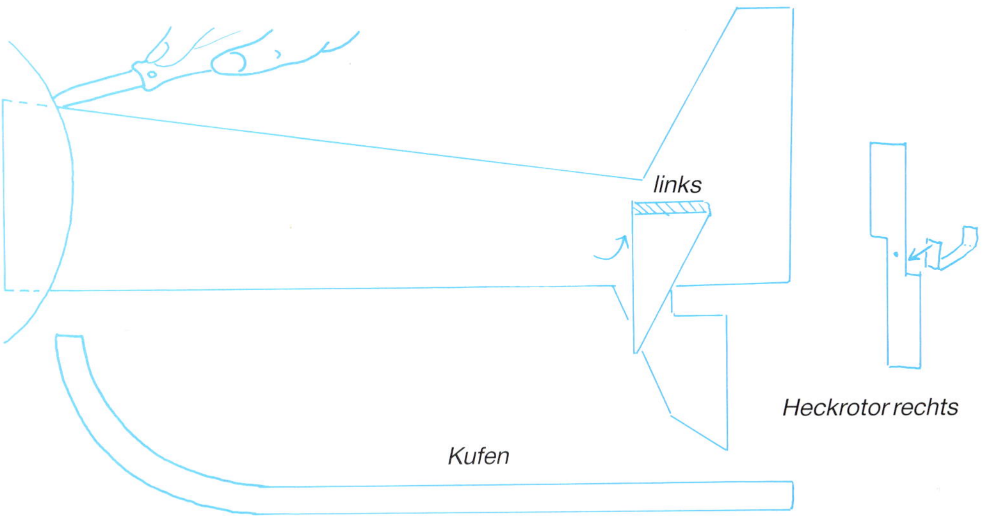

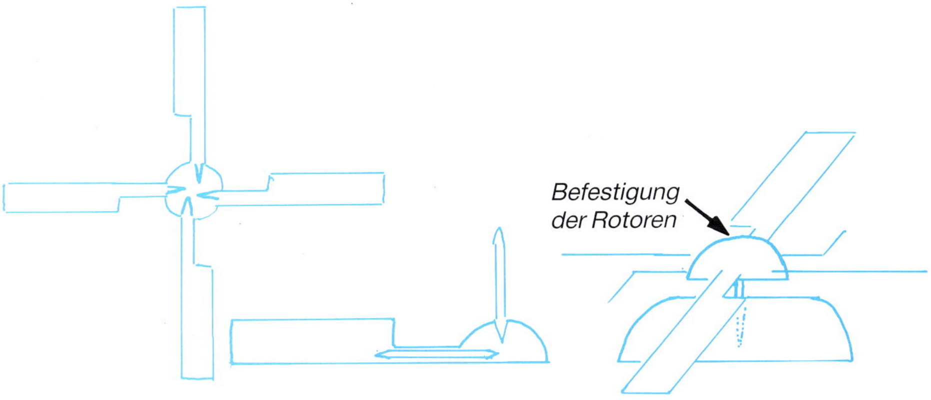

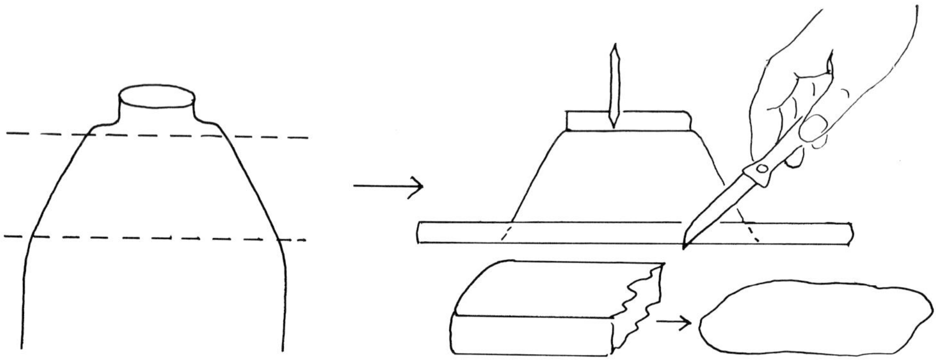

Aufbau aus einer Spülmittelflasche

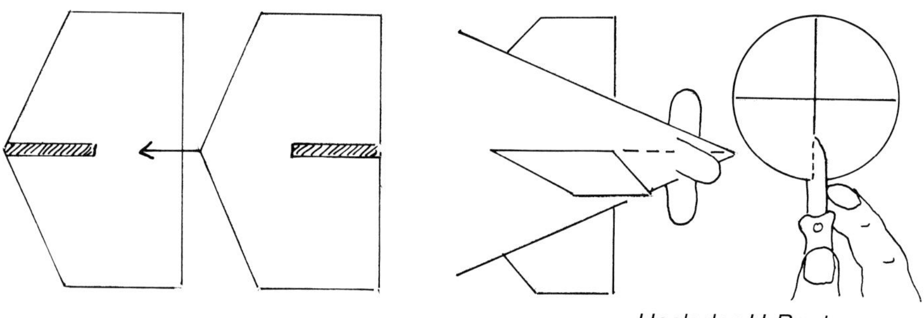

Heck des U-Bootes

Unterseeboot

Material

Eine längliche Ballonform, Zeitungspapier, Pappe, das obere Stück einer Spülmittelflasche mit ovalem Boden, Modelliermasse, Spießchen, Kleber, Bastelfarben und Lack.

Das gelbe Unterseeboot wird aus einem Wurstballon gebastelt, dem eine kleine Zeitungspapiertüte angeklebt wird. Von einer länglichen Spülmittelflasche schneidet man unter dem Ausguß ein 5-6 cm breites Stück ab und bettet es in einen Sockel aus Modelliermasse. Auch oben wird es mit Modelliermasse verschlossen, in der die Antennen Halt finden. Die Tiefenruder werden aus Pappe ausgeschnitten und hinten, wie beim „Zeppelin“ beschrieben, eingeklebt. Nun fehlt nur noch die Schraube aus Pappe, die das Schiff in Bewegung setzt.

Fische

Längst animieren nicht nur Schweinchen zum fleißigen Sparen. Soll z.B. für eine Seereise gespart werden, so läßt man sich auch gern einen Sparfisch schenken. Dem gefräßigen Walfisch kann man ins Maul schauen, um den Erfolg des Sparens zu kontrollieren.

Walfisch

Material

Eine kaschierte Wurstballonform, ein Pappbecher oder Zeitungspapier, Modelliermasse, mehrere Zahnstocher, Kleister, Bastelfarben und Lack.

Damit sich die längliche Ballonform in einen Walfisch verwandelt, kann man entweder einen Pappbecher oder eine Zeitungspapiertüte aufkleben.
Schwanz und Flossen aus Modelliermasse werden bis zum Trocknen abgestützt. Der Bauch kann etwas abgeschnitten und mit einer Pappscheibe plan gemacht werden. Vielleicht genügt es, etwas Modelliermasse anzubringen. Das Maul wird mit einem spitzen Messer aufgeschnitten, mit Modelliermasse umklebt und mit abgebrochenen Spießchen versehen, die so dicht gesteckt sein sollen, daß die Spargroschen nicht herausfallen können. Der Sparschlitz wird auf dem Rücken angebracht.

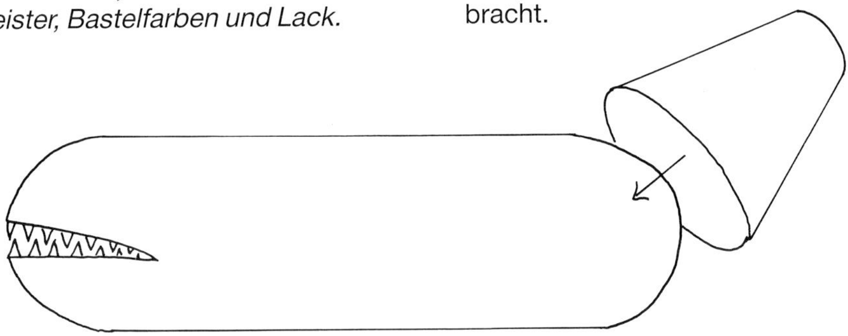

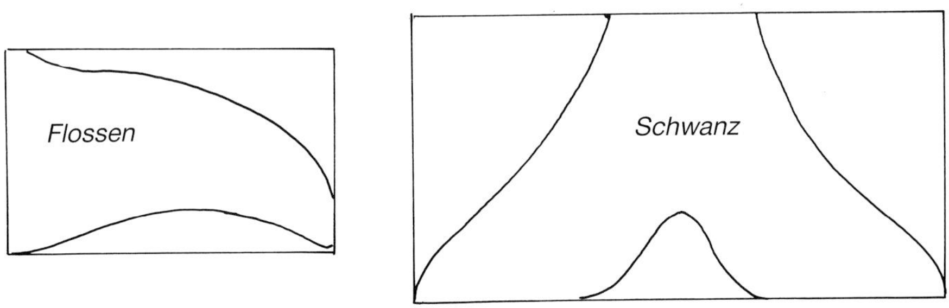

Formen von Flossen und Schwanz

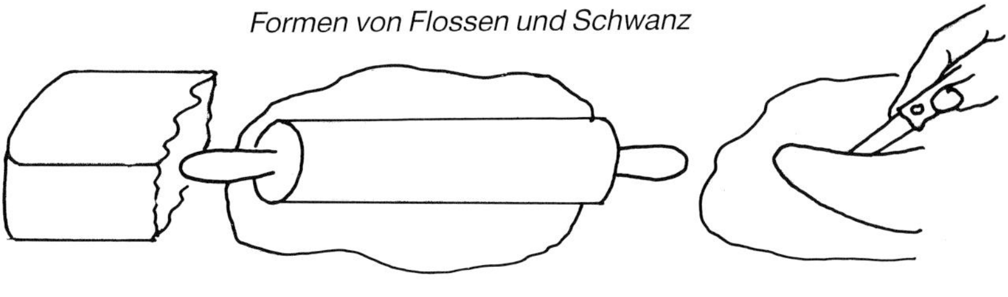

Alles, was Flügel hat...

muß nicht unbedingt fliegen können. Unsere Vögel eignen sich gut zur Dekoration von Blumenfenstern, aber man kann in ihrem Inneren auch Verschiedenes aufbewahren, je nach Größe von der Schmutzwäsche bis zum Spargroschen.

Riesengockel

Material

Eine runde Riesenballonform, Zeichenkarton und Pappe, zwei Pappkugeln, Kleber, Kleister, Bastelfarben und Lack.

Die Halsöffnung richtet sich danach, wofür man den Hahnenkopf verwenden will. Für eine Maske muß sie die Größe eines Kinderkopfes haben; als Wäschebehälter soll die Öffnung so weit sein, daß sich die Wäsche bequem hineinstopfen läßt.

Für die Maske kann ein 5 cm breiter Pappstreifen als Halsring in die Öffnung hineingeklebt werden. Für die Wäschetonne legt man den Streifen locker um eine leere Waschpulvertonne, von der der Henkel entfernt wurde und klebt sie mit Papierstreifen außen am Kopf fest.

Genauso werden die in der Mitte gefalteten Dreiecke für den Schnabel befestigt, nachdem die Schnabelöffnung ausgeschnitten wurde. Durch diese kann man gut hindurchgucken. Die Augen dienen nur der Zierde. Damit sich die Wimpern schön rollen, zieht man sie über einen Bleistift. Der Hahnenkamm aus etwas festerer Pappe wird in einen passenden Schlitz eingeschoben, festgeklebt und nach oben geknickt.

Für den Wäschebehälter wird von der oberen Tonne der Boden entfernt, ehe man sie auf die untere klebt und mit Karton umkleidet. Nun fehlt nur noch eine lustige Bemalung. Der Behälter kann noch mit Stoff ausgeschlagen werden.

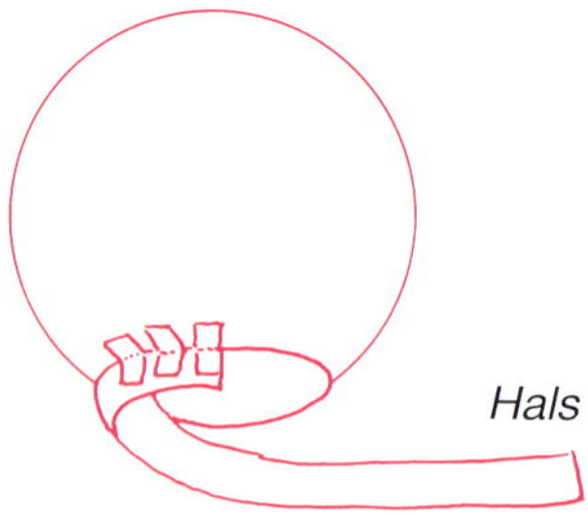

Hals

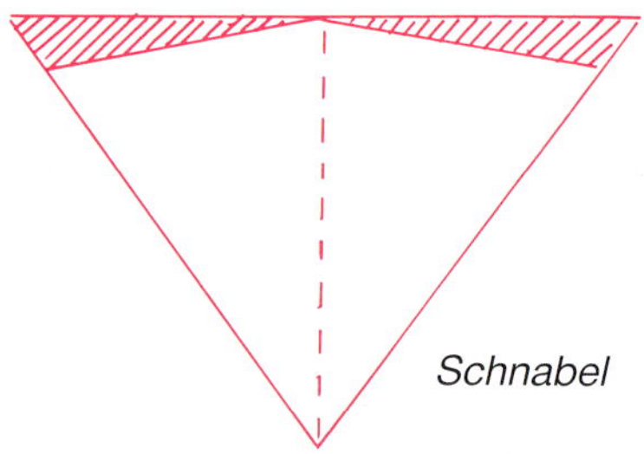

Schnabel

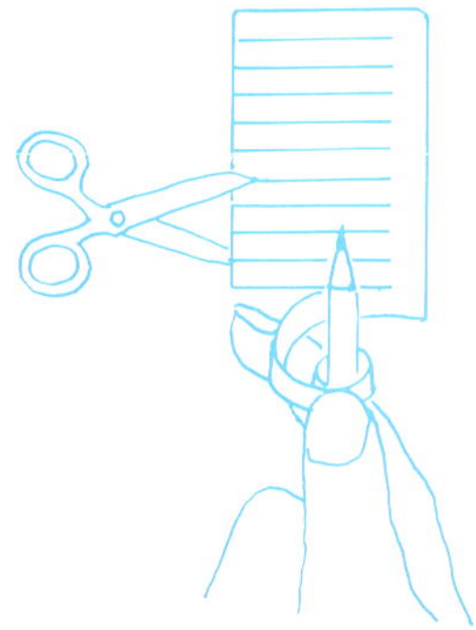

Wimpern

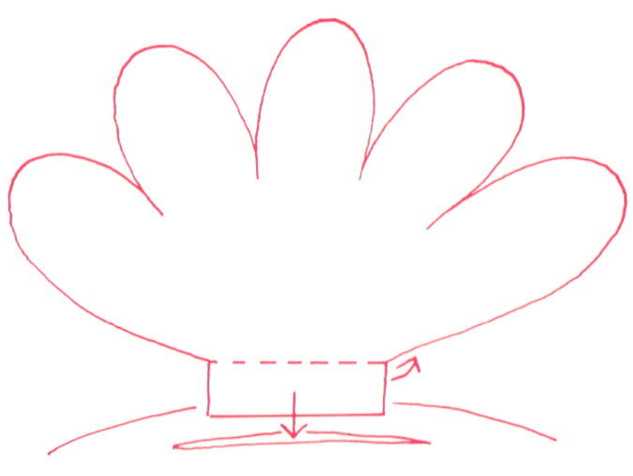

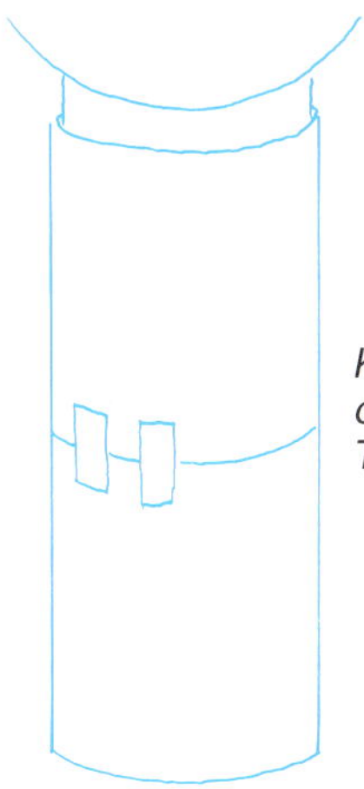

Kleben der Tonnen

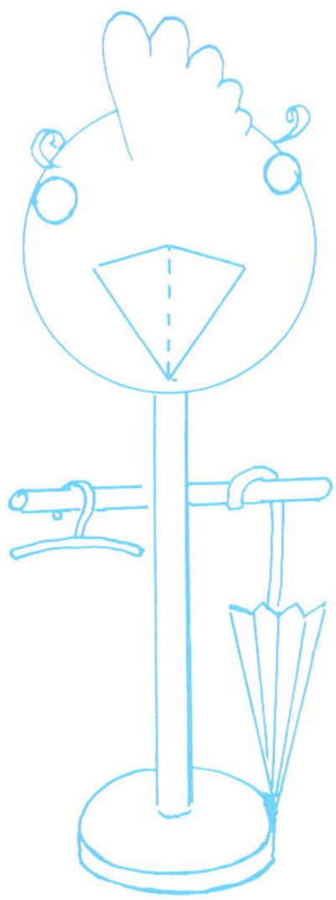

Masken

Das Dekorieren von Masken ist nicht nur zur Fastnachtszeit ein Spaß. Es gibt ein großes Angebot von vorgefertigten Formen. Eigene Ideen jedoch lassen sich am besten mit Pappmaché realisieren. Hier Anregungen für individuelles Gestalten:
Sechsjährige Kinder haben die lustigen Nasengesichter gebastelt, die man auch tragen kann.

Dämonenmaske

Material

Zwei Hälften einer runden oder ovalen Ballonform, Pappe, Pappkugeln, Spießchen, Plastikform-Modelliermasse und gebrauchsfertige Modelliermasse, Bastelfarben und Lack.

Von beiden Hälften der Ballonform wird ungefähr ein Drittel weggeschnitten.

Die Teile werden an der Schnittlinie mit Plastiform-Modelliermasse verbunden und auf einer Pappe mit etwas Kleber befestigt. Diese soll oben etwa 15 cm für den Kopfschmuck überstehen und an der Seite für die Ohren etwa 3 cm.

Wenn alles aufgezeichnet und ausgeschnitten ist, werden Kopfform und Pappe mit eingekleisterten Zeitungspapierstreifen verbunden, bis die Ritzen geschlossen sind.

An Kopfschmuck, Ohren und Kinn wird Plastiform-Modelliermasse aufgetragen und die gewünschte Form herausmodelliert. Wer feine Verzierungen einlegen will, formt diese aus gebrauchsfertiger Masse. Auch die Nase und der Mund lassen sich damit besser gestalten. In die halbtrockene Masse steckt man zurechtgeschnittene Spießchen für die Pappkugeln. Diese werden extra bemalt und zum Schluß aufgeleimt.

Bis zum völligen Trocknen beschwert man die Maske vorsichtig an verschiedenen Stellen, damit sie sich nicht verzieht. Auch an ein Loch zum Aufhängen sollte man denken.

Nasengesichter

Material

Die Hälfte einer runden kaschierten Ballonform, Zeitungspapier, Kleister, einen wasserfesten Tuschestift und Deckfarben. .

Nachdem in die halbierte Ballonform Augen und Mund geschnitten wurden, rollt man ein doppeltes Stück Zeitungspapier zu einer Tüte, klebt sie zusammen, rundet sie in der gewünschten Länge ab und schneidet Zacken ein. Diese werden nach außen gebogen und auf dem Gesicht festgeklebt. Nun mit Tuschestift in Felder unterteilen, die in bunten Farben ausgemalt werden.

Weihnachtlicher Engel, König und Rentier

Engel

Material

Papپröhren, Reste einer runden Ballonform, je zwei Pappkugeln, Modelliermasse, Bastelfarben und Lack.

Die Röllchen für Arme und Haare der Engel fertigt man am besten aus gebrauchsfertiger Modelliermasse, während das Zusammenkleben der Teile besser mit gebrauchsfertiger Masse gelingt. Reste lassen sich in einem verschlossenen Behälter wochenlang aufbewahren. Die Flügel schneidet man aus einer runden Ballonform aus.

König

Material

Pappröhre, Reste einer Ballonform, Wattekugel, Modelliermasse, Bastelfarben und Lack.

Der Kopf besteht aus einer Wattekugel, die auf eine Pappröhre geklebt wurde. Damit hat der König bereits eine recht große Stabilität erreicht.

Gehüllt wird das Ganze in ein Reststück einer Ballonform, die sich für den Mantel eignet. Das übrige fertigt man aus Modelliermasse.

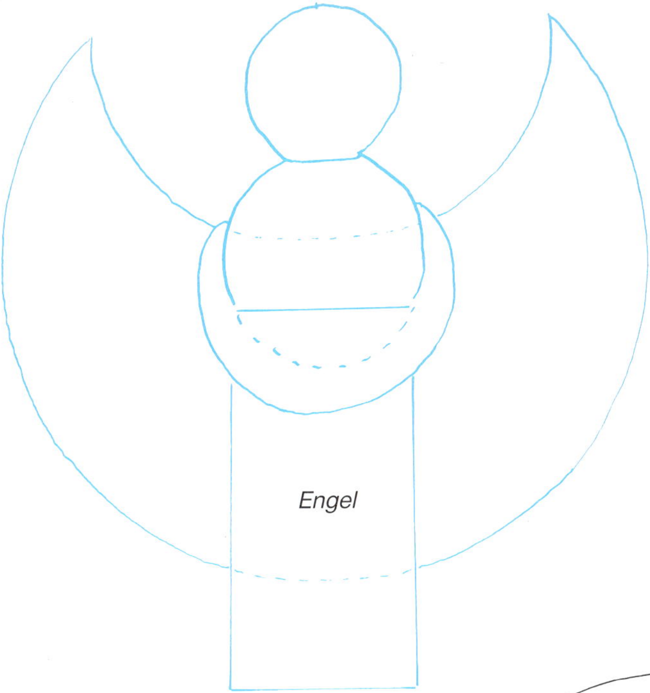

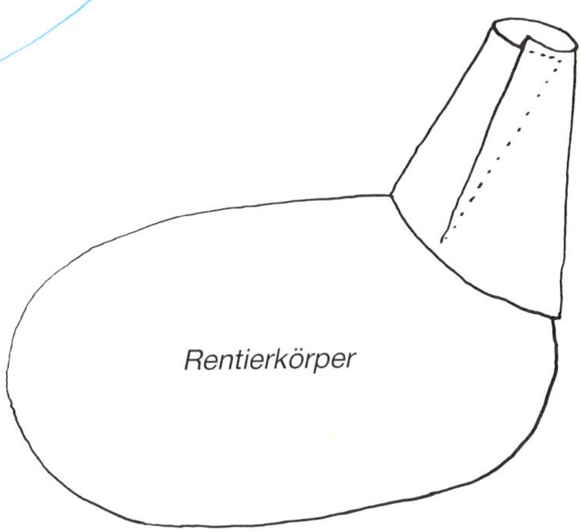

Rentier

Material

Ovale Ballonform, Papprröhre oder Zeitungspapiertüten, Rundhölzer oder dünne Zweige für die Beine, Zweige fürs Geweih.

Der Körper mit den Beinen wird im Prinzip genauso hergestellt wie bei den Tieren auf Seite 25. Beim Ankleben des Geweihs kann man links und rechts einen entsprechend großen Holzklotz oder einen anderen Gegenstand als Stütze unterlegen, bis der Kleber trokken ist.
(Siehe Zeichnung rechts unten!)

Weißes Geflügel

Material

herzförmige, runde oder längliche Ballonformen, Pappe, Pappröhren oder Zeitungspapiertüten, Pappeier oder -kugeln, Kleister, Zeitung, Modelliermasse, für den Sockel Pappbecher und Gießmasse, Bastelfarben und Lack.

Im Wesentlichen werden alle Tiere gleich gebastelt. Wer sich einen Hahn, eine Taube oder eine Gans genauer anschaut, wird keine Probleme haben, die passende Form zu modellieren. Die Grundform für Hahn, Huhn und Taube ist rundlich, für die Gans länglich und für ihre Jungen herzförmig. Der Hahn bekommt für seinen Schwanz einen langen Einschnitt in den Rücken, bei der Taube ist der Einschnitt quer und etwas schräg. Als Sockel dient der Abschnitt eines Pappbechers. Man kann noch Füße daranformen. Die Füße der Gänsemutter bestehen aus Gießmasse, die in einen kleinen Kübel gegossen wurde. Mit Gießmasse läßt sich dieser standfeste Sockel gut an den Pappröhren befestigen.

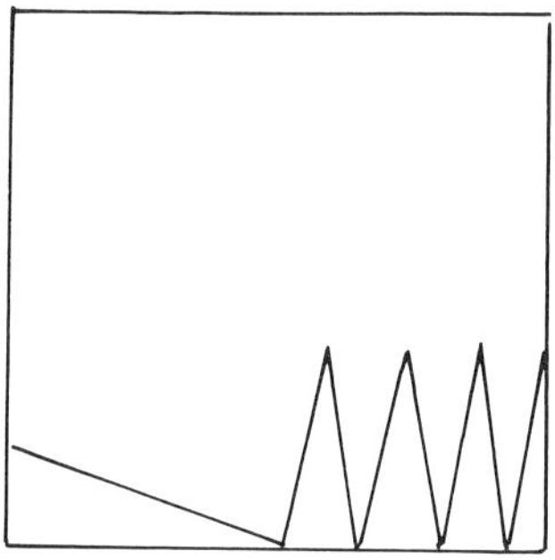

20 cm

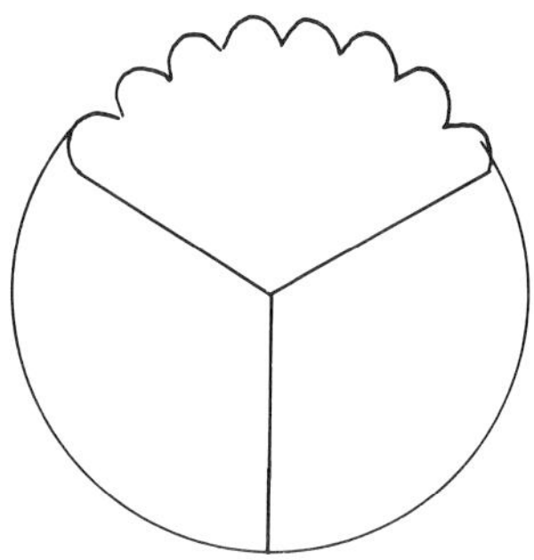

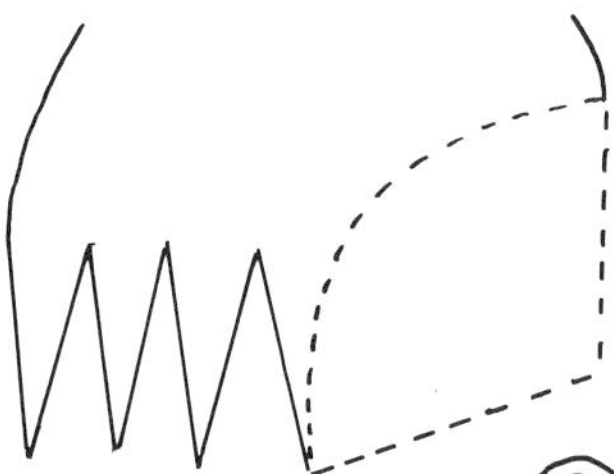

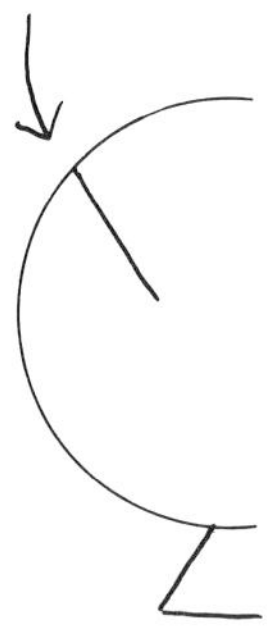

Gießmasse für Sockel

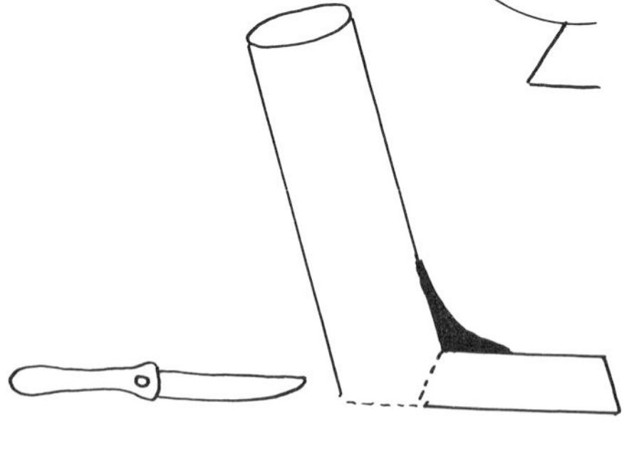

Igel, Schildkröte, Fledermaus und „Schwarze Witwe"

Igel und Schildkröte werden wie der Marienkäfer gebastelt.
Kopf und Schwanz bestehen aus gebrauchsfertiger Modelliermasse.

Die Flügel der Fledermaus werden wie die Fischflossen des Karpfens gearbeitet. Das Gerüst aus Draht befindet sich zwischen zwei Zeitungspapierschichten.
Für die acht Spinnenbeine wird Zeitungspapier um Draht gerollt. Die Enden werden mit Papier überklebt, daß der Draht nicht herausrutschen kann. Man biegt sie in Form, ehe sie mit Modelliermasse am Körper befestigt werden.

Flügel, Flossen, dünne Beine

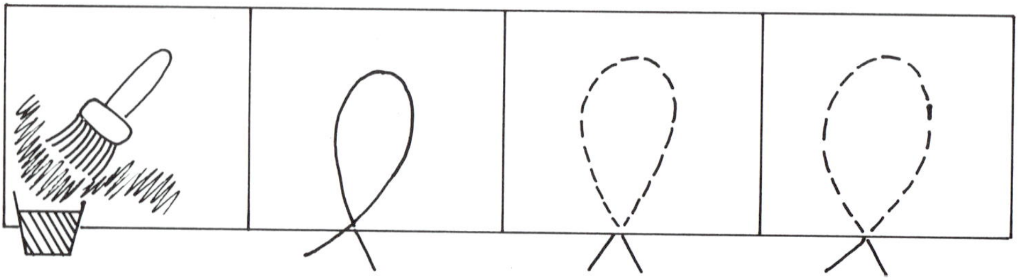

1. *Zeitung einkleistern*

2. *Drahtformen auflegen*

3. *Zeitung darüber decken, glattreiben*

4. *Formen nach dem Trocknen ausschneiden*

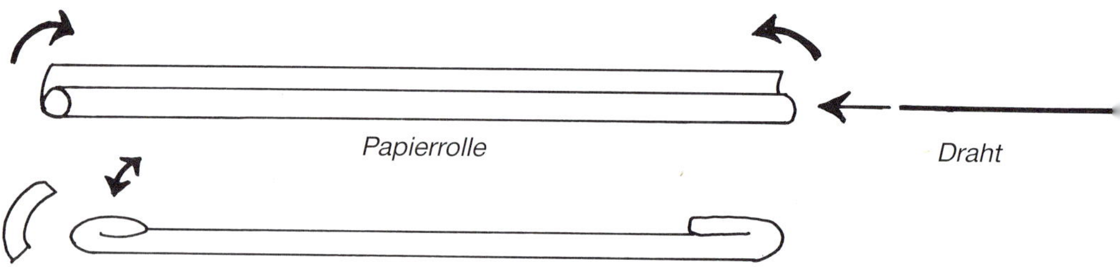

Flügel und Flossen

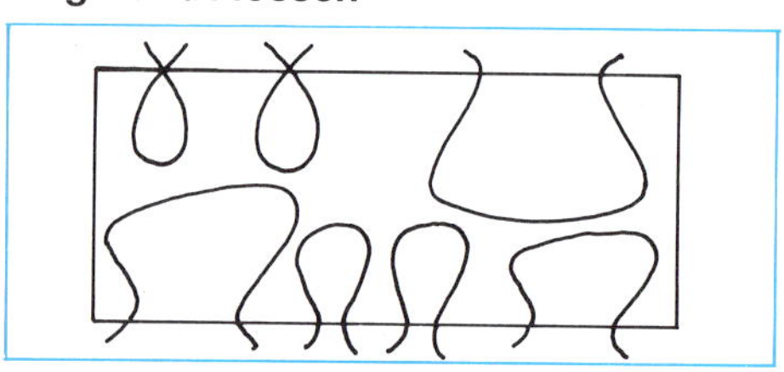

Karpfen

Beine

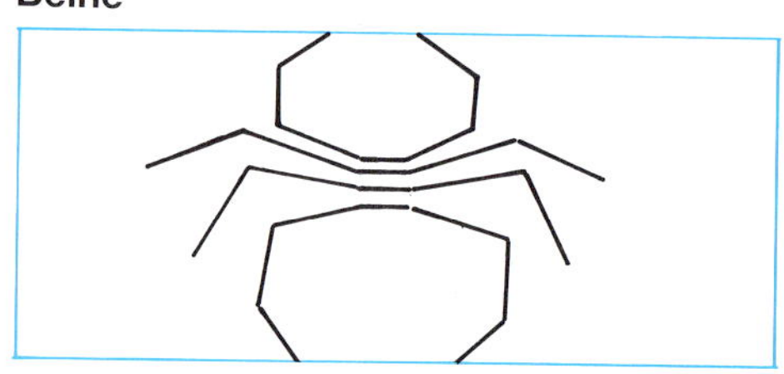

Spinne

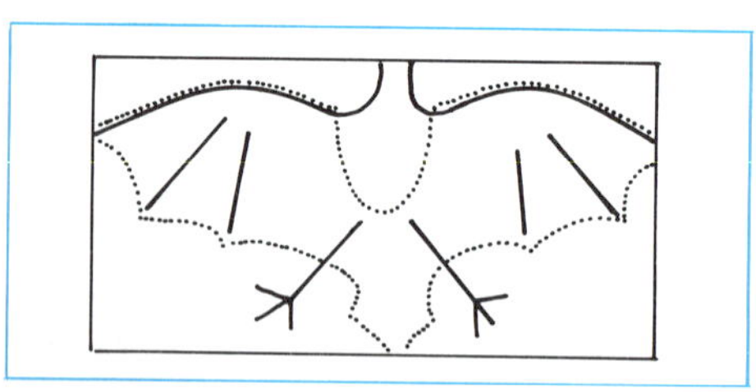

Fledermaus

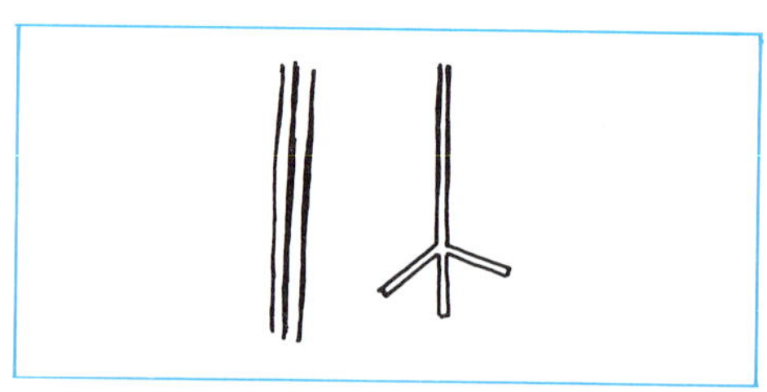

Fledermaus

Libelle

Material

Eine kleine kaschierte Ballonform, Zeitung, Draht, Kleister, zwei Wattekugeln, Farbe und Lack.

Vier Drahtschlingen der Ballongröße entsprechend zu Flügeln biegen (hier 4m x 1m, siehe Skizze links).

Zeitung zum Schwanz aufrollen. Durch drei dünne Papierrollen Drähte ziehen und die Beine formen. In die kaschierte Ballonform Löcher für den Schwanz und die Flügeldrähte bohren. Alle Teile gut mit Kleisterpapier befestigen.

Augen ankleben, bemalen und lackieren.

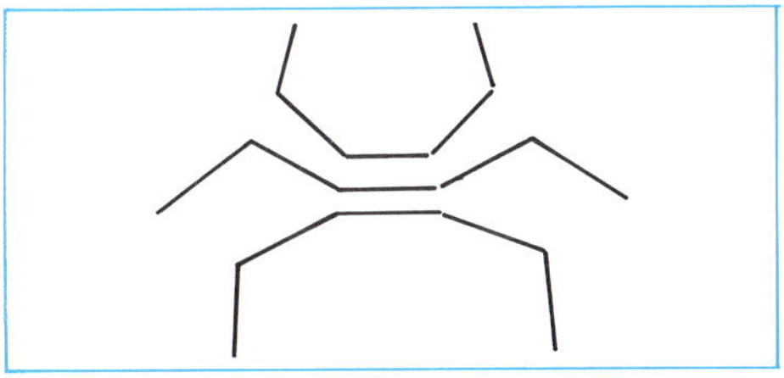

Libelle

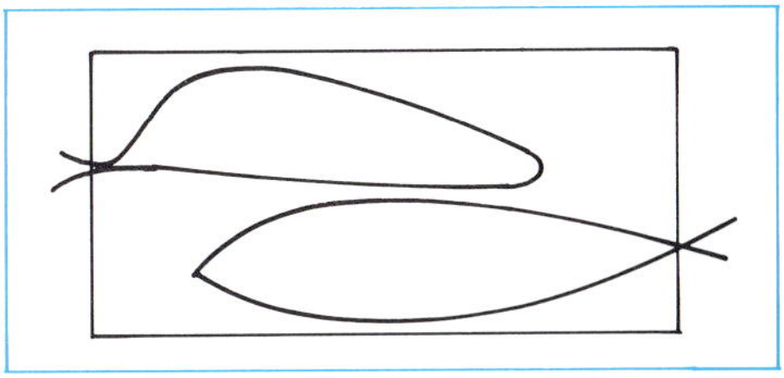

Libelle

Karpfen

Material

Eine aufgeschnittene Riesenballonform, Zeitungspapier, etwa 2,5 m festen biegsamen Draht, Modelliermasse, Tapetenkleister, Bastelfarben und Lack.

Die Riesenballonform wird längs aufgeschlitzt und so weit übereinandergeschoben, bis die Karpfenform entsteht. Nun wird wie beim Luftschiff weitergebastelt.
Für Schwanz und Flossen wird ein nicht zu dünner Draht in die gewünschten Formen gebogen. Etwa 2 cm sollen später in den Körper geschoben werden. Die Teile legt man auf einer eingekleisterten Zeitung aus und streicht ein zweites Zeitungsblatt ganz glatt darüber, so daß die Drahtformen nun dazwischenliegen. Vor allem um die Ränder streicht man mehrmals mit den Fingern, damit die Zeitung später dort nicht aufreißt.
Nach dem Trocknen schneidet man vorsichtig die Umrisse aus, zieht die Zeitung unten etwas auseinander und klebt die Enden des Drahtes in den Fischkörper. Das überstehende Zeitungspapier wird ebenfalls befestigt, eventuell können die Verbindungsstellen noch etwas mit Modelliermasse überarbeitet werden.

Wikingerschiff

Abb. siehe Seite 40

Material

Eine halbierte Wurstballonform, Pappe, ein 25 cm langes Rundholz (Durchmesser: 0,8 cm), ein 20 × 20 cm großes Stück festen Stoff, zwei 20 cm lange Wurstspieße, Modelliermasse, Faden, Bastelfarben, Lack. Für wasserfeste Modelle gebrauchsfertige Modelliermasse und Bootslack.

Die Form wird zunächst vorn und hinten beidseitig mit den Pappteilen umklebt. Man bettet diese nach dem Trocknen in Modelliermasse und glättet sie gut. Die geschwungene Form am Bug des Schiffes wird ebenfalls aus Modelliermasse gebildet. Damit das Boot genug Festigkeit bekommt, wird es zweimal mit Bastelfarbe grundiert. Einige passend zugeschnittene Wurstspießchen stützen die Innenwände beim Trocknen. Dem Segel kann man mit Bastelfarben zusätzlichen Halt verleihen. Auf Spießchen geleimt, wird es mit Faden und Kleber am Mast befestigt. Dieser wird durch das Verdeck geführt und angeleimt. Nach der Bemalung zieren noch einige runde Schutzschilde das Schiff. Soll es schwimmen, formt man den Kiel mit gebrauchsfertiger Modelliermasse aus und überzieht ihn mit Bootslack. Als Zimmerdekoration genügen kleinere Stützen.

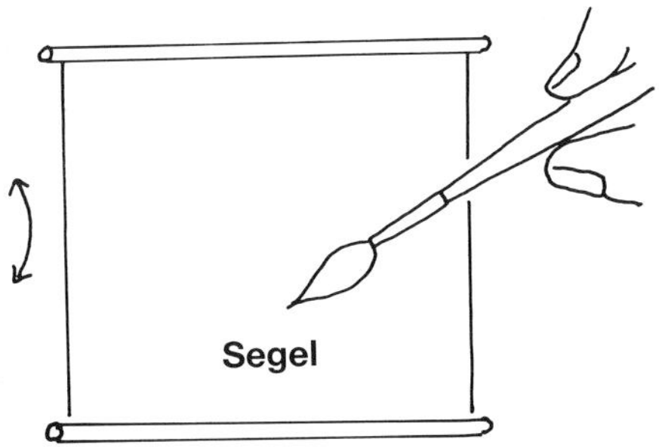

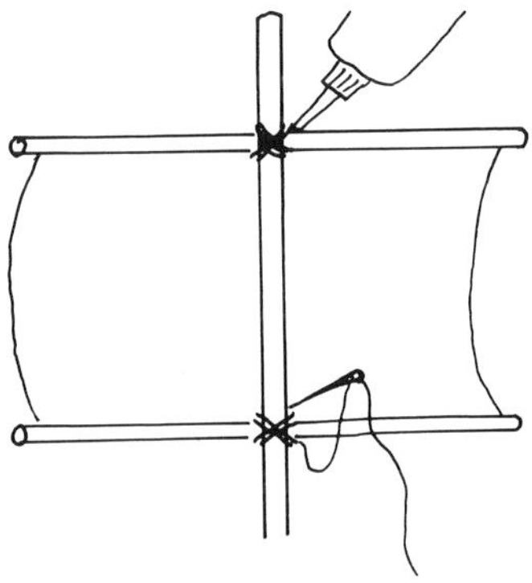

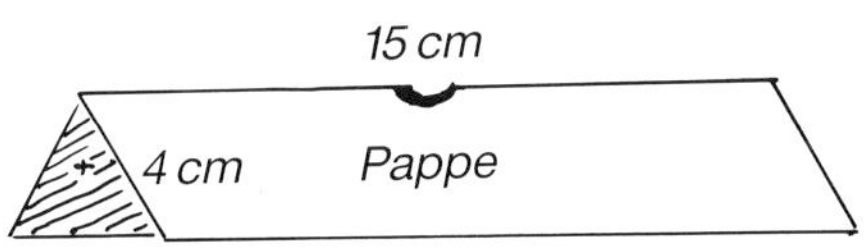

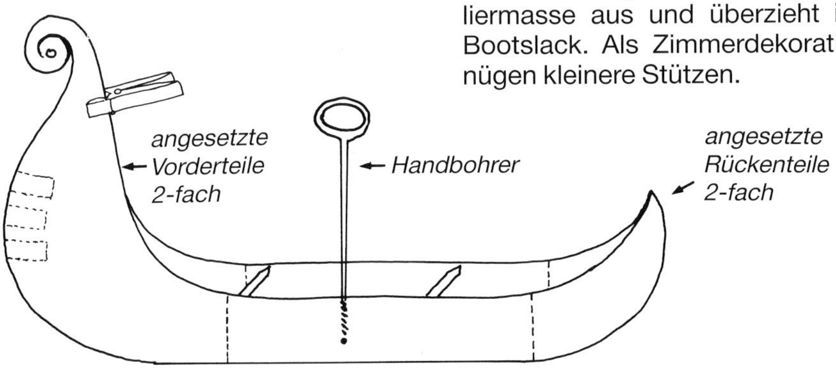

Chinesische Dschunke

Material

Eine längliche halbierte Ballonform, Zeitungspapier und Tapetenkleister, eine Seifenschachtel, Pappe, zwei Tonpapierstreifen von ca. 35 × 4 cm Länge, ein Stück festen Stoff, ca. 25 × 25 cm und einen Streifen ca. 4 × 15 cm, zwei Rundhölzer (Durchmesser: 0,8 cm, Länge: 35 cm und 32 cm), sechs Wurstspieße, Modelliermasse, Kleber, Bastelfarben und Lack.

Von der halbierten Ballonform wird hinten die Rundung abgeschnitten und mit Pappe zugeklebt („siehe Marienkäfer").
Das Dach wird auf die gleiche Weise geschlossen und am Heck eine passende Schachtel aufgesetzt.
Die Tonpapierstreifen werden in doppelter Länge des Bootes zugeschnitten und um das Boot herum befestigt. Die Übergänge glättet man mit Modelliermasse.
Die Masten werden der Skizze entsprechend zusammengebaut und die Segel angeleimt. Ein Sonnendach entsteht aus dem Reststreifen des Stoffes.

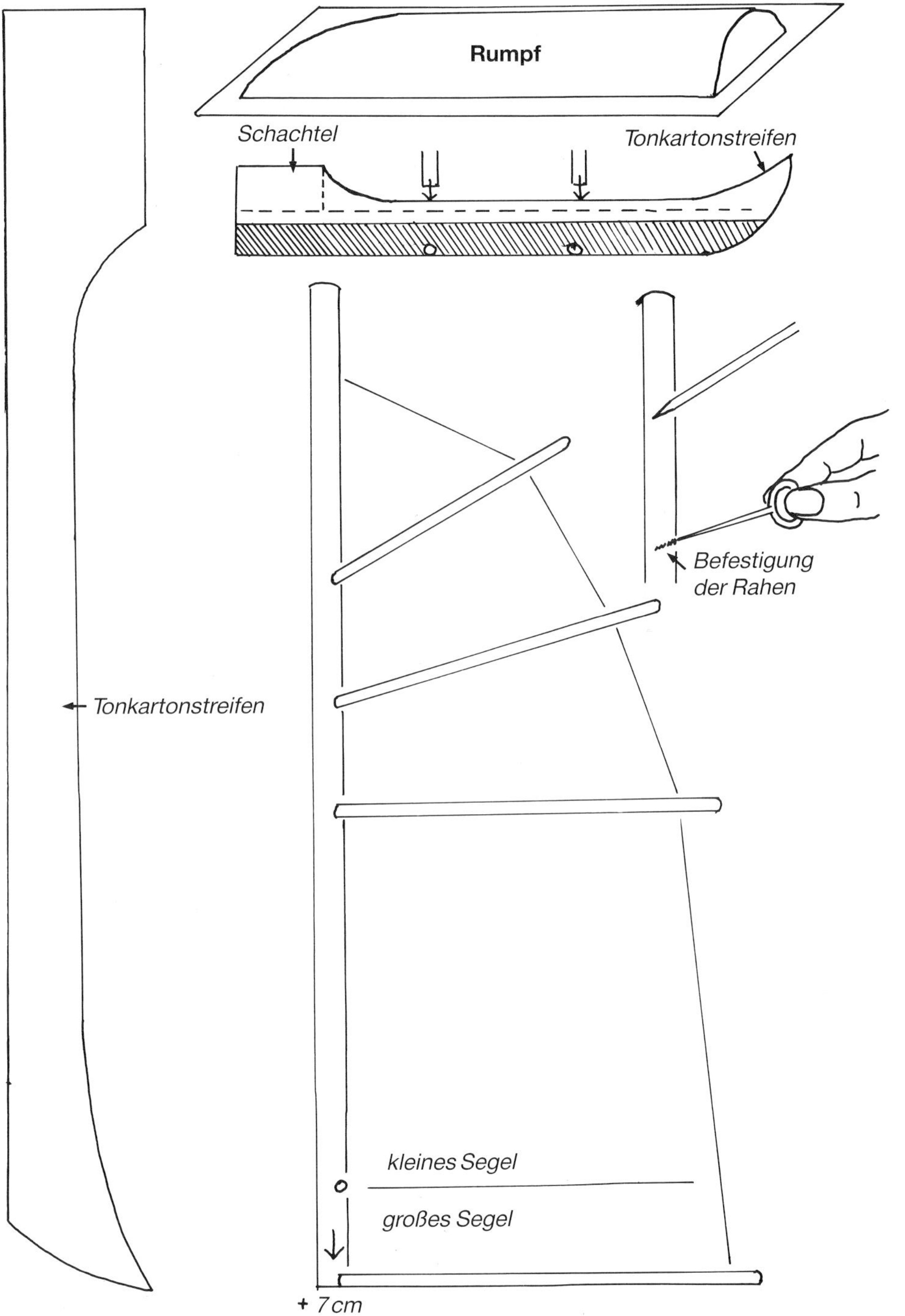
Rumpf
Schachtel
Tonkartonstreifen
Befestigung der Rahen
Tonkartonstreifen
kleines Segel
großes Segel
+ 7 cm

Exotische Vögel

Material

Eine kleine Herzballonform, ein Rest von einer runden Ballonform, etwas Pappe, Zeitungspapier, eine Papprolle oder Zeitungspapiertüte, eine Pappkugel oder ein Pappei, zwei Spießchen, Bastelfarben, Kleister und Lack.

Aus der Mitte der Herzballonform schneidet man einen Keil heraus und klebt die beiden Hälften mit eingekleisterten Papierstreifen wieder zusammen. Aus einem Rest einer Ballonform schneidet man ein ovales Stück aus und klebt es als Brust von vorne fest. Eine Papiertüte oder Papprolle für den Hals befestigen und etwas flachgedrückte Pappkugel als Kopf anbringen. Wenn alle Teile mit Modelliermasse geglättet und getrocknet sind, können Schwanz, Schnabel, Kopfschmuck, Flügelspitzen und Beine anmodelliert werden, am besten aus gebrauchsfertiger Modelliermasse. Damit der Schwanz nicht abbricht, wird ein Pappstück zwischen zwei Schichten Modelliermasse eingebettet. Die Beine bekommen eine Stütze aus einem Spießchen. Man läßt sie am besten extra trocknen und befestigt sie später am angefeuchteten Körper.

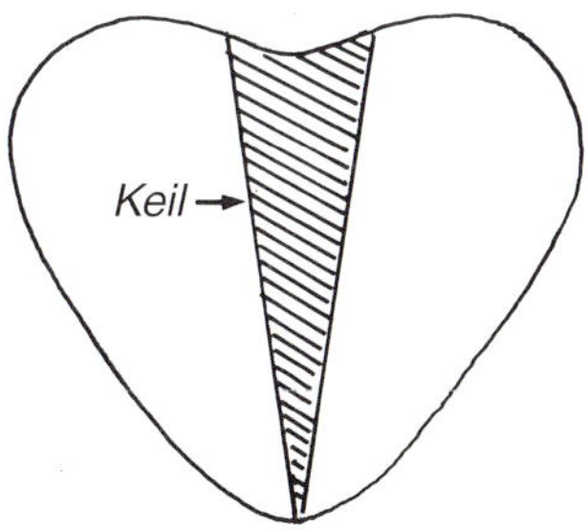

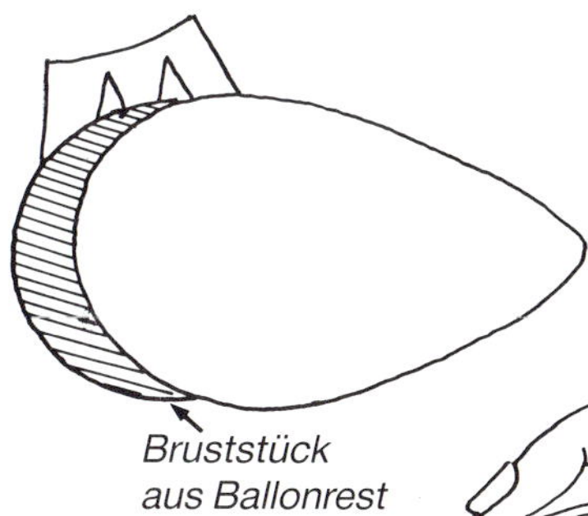

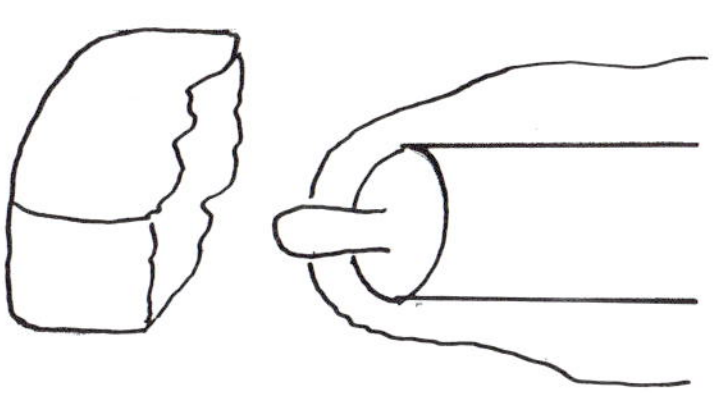

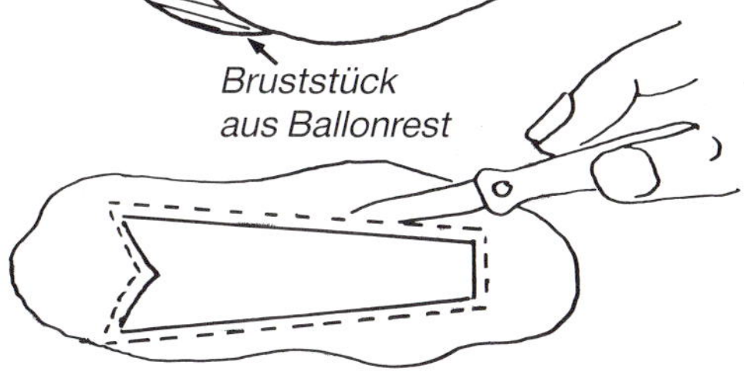